株式上場 A to Z
IPOとは何か

小田 哲生

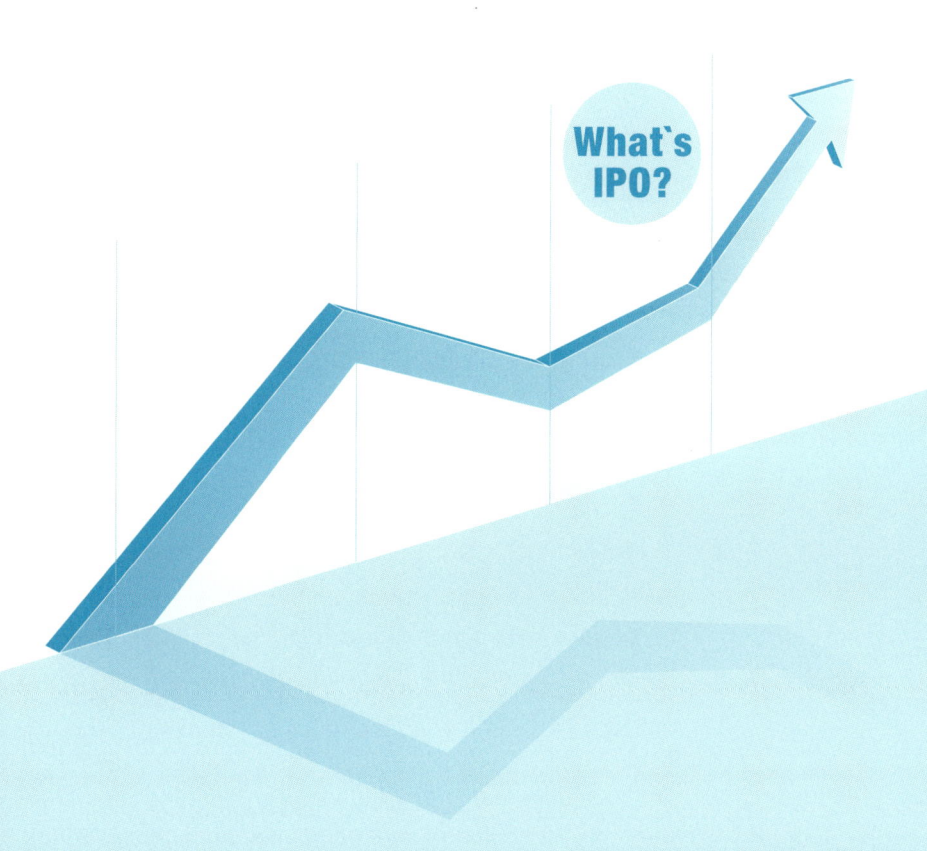

What's IPO?

税務経理協会

はじめに

　IPOあるいは株式上場という言葉は，東証マザーズやナスダック・ジャパンなどの新興市場が生まれたことなどもあり，2000年以降にはかなり広く使われるようになってきたと思います。

　しかしながら，大多数の方はIPOということの正確な意味を理解しているというより，新規上場のことという意味は分かっていても具体的には，何か儲かりそうなこと程度にしか理解されていないものと思われますし，社会に出るまでの教育においても，つまり大学教育においても，IPOについてはまず取り上げられることはなかったわけです。IPOとは資本主義経済の仕組みの中において最も重要なプレイヤーであるところの会社が公の存在，つまり公開企業（パブリックカンパニー）になるというきわめて重要な意味を持つにもかかわらずです。

　アベノミクスによって，日本経済の再生（再活性化）が期待されていますが，その中でも革新的な技術等を持ったベンチャー企業の成長を促進するということが重要な課題と捉えられ，そのためにはIPOの活性化が必要とされているわけです。

　IPOはInitial Public Offeringの略ですが，直訳すれば「最初の公募増資」となります。直訳のイメージでは日本で使われる株式上場の意味には受け取りにくいでしょう。株式上場を直訳したものとしてはGoing Publicという言葉がありますが，海外でも日本でも株式上場の意味の英語としてはIPOが一般的です。これは株式上場するということは，一般投資家たちに対して広く株を買ってもらう行為ですから，直接的に行われる行為そのものがIPOということだからでしょう（上場廃止のことはGoing Privateといわれ最近はよく使われるようになってきました）。

　現在の世界経済の多勢を占める市場主義経済下においては，その主役は経済活動を行う単位となる会社組織であり，その会社は個人企業（プライベートカン

パニー）と公開企業（パブリックカンパニー）に大別することが出来ます。

　一般にパブリックカンパニーといえば上場会社を指すこととなりますが，未上場であっても例えば従業員数が100名以上となるなど，ある程度以上の規模に達すると，その社会的影響から上場しているかいないかに関わらず，パブリックカンパニー的になってくるということがいえます。それだけの数の家族を経済的に支え，取引先等とも支え合うということなので，経営者はそういった社会的影響を考えてガバナンスをしていかなければ未上場といえども安定した経営の継続は難しいといえるでしょう。単純にはいえないのですが，あえて例えるなら，プライベートカンパニーが大型化した会社は専制君主国であり，パブリックカンパニーは共和国という見方も出来るでしょう。プライベートカンパニーではオーナーの考え方や良し悪しが，そこで生活する人全てに影響します。よいオーナーのプライベートカンパニーは従業員にとってはパブリックカンパニー以上の可能性もあります。つまり利益追求を最優先せずに，従業員の生活を最優先するオーナーもいるからです。ただし，利益が本当に出なくなって，会社の存続が厳しくなってきたら，それも難しいでしょう。重要なことはプライベートカンパニーであってもある程度以上の規模に達した場合，上場会社同様に社会に対する責任は発生しているのであり，未上場のオーナー企業であってもそのことは認識すべきだということです。私どもが訪問した未上場会社の中には，上場したくない理由に経営判断の自由度を上げられるケースが多いですが，この自由度という意味は利益最優先からの自由度という意味ならよいのですが，オーナー経営者が好き勝手に公私混同できるという意味であれば，その会社が大きくなった場合に破綻する可能性が高まるということがいえるでしょう。

　また上場企業にとって，様々な意味で利益は重要となりますが，最優先しなければならないというわけではありません。

　プライベートカンパニーにおいては専制君主国同様，世代の交代は政治（ガバナンス）の変化を意味しますから，前オーナー経営者が従業員優先の施策を行っていたとしても，それが継続するという保証は何もありません。一方パブ

はじめに

リックカンパニーにおいては，情報開示により経営の透明性が求められ，その上で株主・投資家を含めた利害関係者のバランスが図られることになります。当然株主の利害は会社の利益追求による株価の向上にありますから，パブリックカンパニーにおいては利益追求に対するプレッシャーが働くこととなります。もっとも利益は，その会社が生み出した価値に対する評価という見方もあり，利益の大きい会社ほど存在意義のある仕事をしている証であるともいえるので，利益追求に対するプレッシャーはよくないことと言い切れるものではありません。

日本の会社は280万社あるといわれていますが，実際のところ活動している会社はその10分の1くらいかもしれません。もし日本の会社の数が30万社とすれば，日本人400人に対して1社ということになります。一方，上場会社の数は3,400社程度です（東証1部1,800，2部500，マザーズ200，JASDAQ 900が上場会社数の大まかな目安です。重複上場があるので合計は合いません）。

稼働している株式会社の全数である30万社から考えれば上場会社数は1％前後ということになります。このように，株式会社全体から見れば上場会社は非常に僅かな数に過ぎません。しかし，日本を代表する会社のほとんどは上場会社であり，かつこれらの会社の中でも特に上位の500社程度が日本経済を支えているといっても過言ではないでしょう。

経済が活性化するためには新陳代謝が不可欠ですから3,400社の上場会社のストックに対しては，合併や上場廃止基準に基づく上場廃止を考えると，年間100社程度の新規公開は必要といえるでしょう。上場会社のストックの数の減少は結果として日本経済の下降とデータ的に一致することとなりました。つまり，新しい上場会社を多く生み出していけるような経済社会の実現ということと日本経済の発展ということはほぼ直結した話と考えてよいのでしょう。

IPOはオーナー経営者にとって，オーナー権の源泉であった株式を，資本市場を通じて投資家に部分的に渡すことによってキャピタルゲインを得るという

側面と，会社の財務諸表のみならず経営そのものが投資家に開示され，それによってコンプライアンスのしっかりした合理的な経営が行われているかどうかについて常に監視を受けることになるという側面があります。

　今までの株式上場に関する本ではキャピタルゲインを得ることについてはメリットとし，経営について監視を受けることについてはデメリットとして捉えられてきたかと思います。しかしながら本当に強いよい会社を作りたいと考えている経営者の方々にとってはむしろ監視を受けるということは，多くの多方面の経験者の方から文殊の知恵を授けられるという意味であり，かつ自らの経営者としての適正な評価を受けられるということが好ましいことであるというようにポジティブに考えられるようになってきています。監視を受ける対象は経営者にとってはまずは監査役，取締役会があります。これらの役職に本当に監視できるメンバーを揃えられるかどうかがまず上場準備の第1歩ということになるでしょう。その他の監視者には監査法人，内部監査人，資本市場運営会社（東証，大証など），証券取引等監視委員会，金融庁などがあります。

　特に，社外取締役，監査役，内部監査人，監査法人などは経営者に対して，会社の経営実態を正確に捉え，分析し提言できる人材を揃えておかなければ上場後は非常に危ういことになってしまうでしょう。

　筆者は会計士として20年余り株式上場の実務に携わってきました。上場に関わった会社は累計で40社以上となり，特に2005年から2008年の4年間では，新規上場会社516社のうち15社の監査報告書に署名し，監査人の立場としては近年最も多くの新規上場会社に関わってきたという経験を持つことが出来たのですが，その経験を，これから株式上場を検討する人，株式上場の実務に関わる人たちに還元し，株式上場をより現実に近い形で理解していただければと考えています。そして本書が，株式上場を考えている会社に関わる人々（ステークホルダー）や株式上場に関わる仕事をしている人たちにとって，株式上場というプロジェクトを成功に導くことに少しでも役立ち，さらには，多くの株式上場プロジェクトの成功が経済社会の発展につながることを願って書かれたもの

　　　　　　　　　　　　　　　　　　　　　　　　はじめに

です。なお，文中意見をたくさん述べていますが，これらは全て経験に照らして考えた個人的見解であることをお断りしておきます。

　平成26年5月

　　　　　　　　　　　　　　　　　　　　　　　　　　小田　哲生

目　　次

はじめに

序　章　IPOの勧め ……………………………………………… 1

第1章　株式上場についての考察 ……………………… 17

1．株式上場の是非 …………………………………………… 19
　(1)　株式上場の意思決定について ………………………………… 19
　(2)　株式上場とマネーゲーム ……………………………………… 30
　(3)　オープンIPO …………………………………………………… 32
　(4)　リバースIPO …………………………………………………… 33
　(5)　上場できない業種 ……………………………………………… 34

2．資本政策を廻る話 ………………………………………… 36
　(1)　PERについての考察 …………………………………………… 40
　(2)　エンジェル税制とIPO ………………………………………… 44
　(3)　インセンティブプラン（従業員持株会とストックオプション）……… 50
　(4)　ストックオプションと税制適格 ……………………………… 52
　(5)　ストックオプションの会計処理と本源的価値について …… 53
　(6)　ストックオプションの公正価値とブラック・ショールズ・
　　　　モデル等について ……………………………………………… 55
　(7)　株価の計算方法について ……………………………………… 56
　(8)　上場審査と株価の算定書 ……………………………………… 58
　(9)　株式上場と相続対策 …………………………………………… 62

- (10) その他の資本政策策定上の留意事項 …………………… 65
- **3．ビジネスモデルと事業計画** ……………………………… 68
  - (1) 上場できるビジネスモデルかどうか見極める ………… 68
  - (2) 事業計画の作成 ……………………………………… 72
  - (3) 事業計画とパフォーマンス管理 …………………… 77
  - (4) 予算管理と勘定科目の重要性 …………………… 79
- **4．内部管理体制の構築と運用** ……………………………… 82
  - (1) 上場するために求められるコーポレートガバナンス ………… 82
  - (2) 管理部門の組織図について ………………………… 86
  - (3) ホールディングカンパニーによる株式上場について ……… 90
- **5．企業内容開示** ………………………………………………… 91
  - (1) 金融商品取引法に基づく開示 …………………… 91
  - (2) 上場市場の規則に基づく開示（適時開示）……………… 92
- **6．利害関係者からの独立性確保** …………………………… 96
- **7．株式上場までのスケジュール** ………………………… 100
  - (1) 中期的な上場計画 …………………………………… 101
  - (2) 上場前後のスケジュール ……………………………… 104
  - (3) 株式上場審査の本質 ………………………………… 104
- **8．株式上場に関わる様々なキャスト** ……………………… 106
  - (1) 証 券 会 社 …………………………………………… 106
  - (2) ベンチャーキャピタル（VC）……………………… 110
  - (3) 監 査 法 人 …………………………………………… 112
  - (4) 金融商品取引市場 …………………………………… 120
  - (5) 株主名簿管理人 ……………………………………… 123
  - (6) 証券印刷会社 ………………………………………… 124
  - (7) 銀行，その他の金融機関 ……………………………… 125
  - (8) 金 融 庁 ……………………………………………… 126

目 次

第2章 株式上場のためのショートレビューと審査の項目 ……… 131

1. 経営管理組織及び法令遵守に関する状況 ……………………… 134
   (1) 経理担当部署について ………………………………………… 139
   (2) 総務担当部署について ………………………………………… 140
   (3) 経営企画室について …………………………………………… 141
2. 事業計画及び予算の策定・管理状況 …………………………… 141
3. 内部管理体制及び内部統制に関する状況 ……………………… 144
   (1) 販 売 管 理 ……………………………………………………… 146
   (2) 債 権 管 理 ……………………………………………………… 150
   (3) 購 買 管 理 ……………………………………………………… 152
   (4) 在 庫 管 理 ……………………………………………………… 153
   (5) 人事労務管理 …………………………………………………… 154
   (6) その他の諸管理 ………………………………………………… 159
4. 会計管理体制及び会計処理に関する状況 ……………………… 163
   (1) 売上計上基準 …………………………………………………… 163
   (2) 純額表示について ……………………………………………… 165
   (3) 金融商品に関する会計基準の適用 …………………………… 165
   (4) 返品調整引当金の計上 ………………………………………… 166
   (5) 製品保証引当金の計上 ………………………………………… 166
   (6) ポイント引当金 ………………………………………………… 167
   (7) 仕入計上基準 …………………………………………………… 168
   (8) 人件費の計上 …………………………………………………… 169
   (9) 原価計算と在庫の計上 ………………………………………… 169
   (10) 固 定 資 産（リース資産） …………………………………… 171
   (11) 有価証券等 ……………………………………………………… 171

iii

⑿　諸　勘　定 …………………………………………………… 172
　⒀　諸税金に関する会計処理 ……………………………………… 173
　⒁　過年度遡及修正について ……………………………………… 178
　⒂　継続企業の前提（ゴーイングコンサーン）に関して ……… 180
5．関係会社及び特別利害関係者の状況 ……………………………… 181
6．資本政策に関する事項 ……………………………………………… 183

第3章　中小規模上場準備会社における内部統制報告制度への対応 ……… 185

1．内部統制報告制度における日米の違い …………………………… 187
2．金融商品取引法上の開示書類に関わる責任 ……………………… 193
3．新規上場会社における内部統制報告書制度の
　　適用開始時期 …………………………………………………… 196
4．中小規模上場（準備）会社の特質と内部統制を構築するに
　　当たっての課題 ………………………………………………… 197
5．内部統制の4つの目的 ……………………………………………… 203
6．内部監査部門と内部統制報告制度の担当者 ……………………… 204
7．内部統制監査における専門家の業務の利用 ……………………… 205
8．中小規模上場会社における全般的な内部統制の評価の
　　重要性について ………………………………………………… 207
9．中小規模上場会社における内部統制報告制度及び
　　内部統制監査制度の進め方 …………………………………… 208
　⑴　財務報告に係る内部統制構築のプロセスで行うこと ……… 208
　⑵　財務報告に係る内部統制の評価・報告の流れ ……………… 211
10．業務プロセスの評価 ……………………………………………… 229
　⑴　評　価　範　囲 ……………………………………………… 229

11. 決算・財務報告プロセスの評価 ……………………………… 233
12. 重要な欠陥について ………………………………………… 234
13. 内部統制報告書の記載内容 ………………………………… 240
14. 統合型内部統制監査報告書について ……………………… 241

おわりに ………………………………………………………… 245

謝　　辞 ………………………………………………………… 251

序　章

IPOの勧め

後に述べるように，株式上場には様々な面があり，これに関わる関係者の目的も様々ですから全ての関係者にとっての成功とか，失敗というように単純に整理することは出来ませんが，少なくとも会社側から見れば株式上場出来ればよいというものではなく，どのように株式上場出来るかというプロセスや，特に上場後の業績の拡大と優良会社としての成長の如何が，成功といえるかどうかの判断基準となるものといえるでしょう。

株式上場のメインプレイヤーの一人であるベンチャーキャピタル（VC）はキャピタルゲインを得ることが仕事なので，彼らは株式が上場すれば通常1年以内に投資した株式を売却しキャピタルゲインを得ることになります。もしもそのような行動をとらなかった場合にはVCの株主に対して説明が出来なくなってしまうからです。しかしながら，経営者も上場によってキャピタルゲインを得ることのみを考え，その後のことを十分に考えていないようではそもそも株式上場などをすべきではないということになります。

最近の株式上場事例を検討すると結果的に見て成功したとはいえないのではないかというケースが非常に増えているように思われます。
　上場時の株価が低いということは，上場時の資金調達を事業計画上重視していた会社にとっては，大きな問題であるでしょう。しかし，そのことをそれほど重視していなかった会社にとっては，会社の業績が安定してさえいれば，いずれ高くなることもあるでしょうから，必要であればその時点でファイナンスを考えればよいということになります。したがって，上場時の株価のみを持って成否を論じるべきではないでしょう。
　増えてきているケースというのは，上場時まで何とか業績を右肩上がりに推移させて，上場時の資金調達を終えると，その後業績が下降してしまう，あるいは成長が止まってしまう，などの状態となり，上場前に描いていた計画が結果として絵に描いた餅に終わってしまう会社が非常に増加しているということです。

このような会社が上場してしまうと，まず，上場時に株を買った投資家は大きな損をすることになり，IPO銘柄に不審を持つようになります。主幹事証券は計画の狂いや株の下落に対し責めを受けることとなり，経営者はそれらを含む全般的なプレッシャーを強く受けることとなります。もちろん株価が下落していくような局面でインサイダー取引の規制もあり株を手放すことなど出来ませんから，キャピタルゲインによるメリットも得られず，何のために苦労して上場したのかということにもなりかねません。

　このことを導いた原因のひとつには株式上場（IPO）というテーマに対してはそれに関わる機会がそう多くはないということから世間一般の知識が不足していて，正確な情報を得られない中で偏った知識を基に経営者等が判断していかなければならないのではないかということが考えられます。怖いのは知識がないことではなく偏った知識です。経営者は株式上場によって会社の安定的な成長基盤を作り上げ，経済社会に貢献できるような会社となることを目指すためのバランスの取れた知識が必要なのであって，個人財産の拡大や株式公開の税制面などに偏った知識のみをもって判断を行ってしまうのは非常にリスキーといえるでしょう。

　しかしながら，ネットや書物から得られる知識は，ほとんどが正確であったとしても中には偏向した情報が入り込む可能性は否定できません。むしろ偏向のない情報をそこから得られると考えること自体がリスクといえます。経営者の方が上場に際して，会計士や証券マンを選ぶべきなのは，より豊富で正確な情報源を確保するためと考えておくべきでしょう。

　株式上場の成功については，株式上場に関わった全ての利害関係者がその会社に対して為した努力，犠牲との関係でバランスよく利得することが出来，かつ上場後に社業，業績の一層の拡大と適切な情報開示によって証券市場での評価を確立できた場合を成功と呼びたいと思います。一部の利害関係者のみが利

得するような株式上場はその努力が報われない者あるいは損をした者が存在することとなり成功とはいえないでしょう。また，上場後に適切な開示が出来なかったりすることによって投資家や証券市場を混乱させるような上場も成功とはいえないというより上場すべきではなかった，あるいはさせるべきではなかったといえるでしょう。このように関わった全ての人が報われるような株式公開をウィン－ウィンあるいはオールウィンの株式公開と呼んでいます。

- 新規上場会社数の推移

2005年から2013年に至る9年間の新規上場数の推移は以下のようになっています。

	05	06	07	08	09	10	11	12	13
札・アンビシャス	1	4	5	1	0	0	0	1	0
東・本則	18	29	13	7	6	6	9	7	12
東・マザーズ	36	41	23	12	4	6	11	23	21
名・本則	0	1	1	0	0	0	0	0	0
名・セントレックス	13	13	2	1	0	0	0	0	0
大・本則	1	3	0	0	0	0	0	0	0
大・ヘラクレス	22	37	25	9	1	0	0	0	0
大・JQ	65	56	49	19	8	10	16	14	6
福・QB	2	4	3	0	0	0	0	1	1
合計	158	188	121	49	19	22	36	46	40

2007年まで新規上場数は，約20年もの間100社を割り込むことはありませんでした。この間日本経済もほぼ順調に持続的な成長を維持してきたといえます。

2008年のリーマンショックを境に日本経済も，日本の株価も下落に転じ，ようやく回復の兆しが認められるものの新規上場についても，2008年以降低迷を続けている途上にあります。

ただし，上記の表を見ても分かるように，2009年の19社をボトムに徐々には増加の傾向が見え始めています。この数年で再び100社台の新規上場を回復す

るようになるでしょうし，是非そうなってもらいたいものとも考えています。過去，日本で一番IPOが多かったのが2000年の204社となりますが，それはやはり一時的なピークということが出来るでしょう。

　日本経済がわずかでも成長していくためには100社程度の新規公開は上場会社の累計数を減少させないためにも必要であり，逆にいえば，100社以上の有望な成長企業を見出して上場をさせていくというような社会的インフラの整備が日本経済を再び成長軌道に戻していくためには必要ともいえるでしょう。

　一方で新規上場会社数については株価と連動して動くという見方もあり，実際に2011年1月のTOPIX（東証株価指数）を100とすると2013年11月時点で164となっていて，同様にNASDAQでみた場合125，NYSEで120ということを考えると，日本の証券市場の環境はグローバルに見ても為替の影響が大きいとはいえ，よい状態になってきているといえるでしょう。証券市場が好況化していくためには，ムードを変えられるような大型銘柄によるIPO，かつての例でいえばdocomo株が上場して証券市場がターニングポイントを迎えたように，大型株による公募価格と初値の上昇利益を広く投資大衆が享受出来ることが必要となるでしょう。民営化株のような大型銘柄は市場のムードを変える材料となりえることは，以前のNTT株の最初の放出が市場全体の上げ材料となり，2度目の高い値段での放出が下げ材料となったことは記憶されている方も多いのではないでしょうか。

　NTTやDOCOMOが意図してそのような株価を指図したとは思えませんが，有名な経営者の方々の自叙伝では，上場時の公募価格を出来るだけ低めにしてもらうように指示したというような話はよく目にします。これについては，その意図は定かではありませんが，おそらく，「大志を実現するためには目前の小さな利益にとらわれることなく，将来のより大きな利を目指せ」という意味なのでしょう。上場してしまった瞬間から株価は常につくようになりますが，経営者は目先の株価の変動にいちいち一喜一憂することなく，しっかりと将来を見つめて経営を進めていけばよいのであって，そうしていくことが長期的に

は株価にもよい影響を与えることになると考えられるということです。

郵政民営化が目前となった時に，株価の高い安いという議論がマスコミにまで伝わりましたが，大型株が市場に低めに投入されることによる効果（それが契機となって株価が上昇局面に移行することがあるということ）を歴史的な事実も含めて理解していた人はどれほどいたのかと思います。

なお，新規上場会社の減少に関しては，景気の悪化，株価の低迷以外に，主幹事証券や市場による審査の強化，監査法人の品質管理の強化なども原因とされていますが，もともとアメリカの証券市場では新規上場会社の増減幅は非常に大きかったのであって，小泉改革以降，会社法を初めとした制度インフラがほぼアメリカと同じになった日本において，新規上場会社数が100社から200社の間で安定的に推移したこと自体が過去のものとなってしまった可能性もあります。つまり少ないときは30社多いときは300社くらいの増減幅が実現する可能性もありえます（アメリカのIPO数はその倍くらいの値で推移しています）。

しかしながら，この会社数の減少は景気の後退のみではなく，新規上場会社においても市場を問わず上場後最初に提出する有価証券報告書において内部統制の監査が求められているという現行の制度設計が影響している可能性は大いにあります。

もしこの制度が，新興市場あるいはある程度以下の規模の新規上場会社に対して上場後2年程度の猶予期間を認めるように改正されたら，新規上場会社の上場準備に関する負担増は緩和され，再度上場会社数を増加させるきっかけにもなるのではないかとも考えられます。何故2年なのかという点については，上場申請期までについては，上場準備作業の負担が重いからで，1年だけの猶予では事実上作業が重なってしまうからです。上場準備作業においても内部統制の導入は必要なのですが，書類にしたり，評価したりするというのはさらに何倍も作業量がかかるものだからです。そしてアメリカのように中堅法人に関しては免除してはどうかという点に関しては，日本の制度では財務報告の内部統制に限定したことと，すでに制度がスタートしており，すぐに免除してしま

うのは返って混乱を招くものと考えられるし，中堅上場会社にとっても内部統制報告書制度自体は意味を持つものと考えられるからです。

　もっとも最近の傾向からすれば，このような複雑な改正を行うくらいであれば，J-SOXの制度自体の見直しあるいは，事実上の廃止のような考えも，経済の活性化を考えればあり得るでしょう（アメリカでは証券市場でVSE（very small entity）といわれる会社＝およそ時価総額で100億ドル以下については，SOX法の適用が免除されています。これを日本で適用すれば，マザーズの会社はほぼ免除となります）。

　いわゆるOD問題（オリンパス・大王製紙の不正問題）に象徴されるように，J-SOXの導入は企業内不正の大半を占める経営者不正に対しては無力であり，この制度の導入メリットがコストに見合っていないことは，すでに金融庁の2011年3月に出された見直しに関する文書などが，出来るだけ簡略化するように呼び掛けていることからも明確と考えられます。

　基本的に国民経済的な起業パワーが大きく変化しないとしても，新規上場に関する制度設計が変われば合計上場会社数は大きく変化することになるでしょう。
　一方，制度設計に変化がないとすれば，一過性での増減はあっても新規上場会社数の合計は大きく変化しないということになるでしょう。

　さらに，景気や日経平均の株価については過去において6年程度の周期が見られます。株価が上場間際において上場判断を大きく左右すると考えれば，一般的に上場時期は早めることはほとんど出来ませんが，先に延ばすことは可能ですから，株価のピーク時に上場準備を開始した会社は，その後株価は一方的に下降するわけですから上場時期を延ばす可能性が高くなり，株価のボトム時に上場準備を開始した会社はピーク時前後に上場時期を迎える可能性が高くなるということを意味します。
　つまり上場会社数が少ない年度は，溜めの年度で，多くなる年度は放出の年

度ということです。これからの上場準備については，上場時期をどうするかということについて，このボトムとピークのことを意識して考えておくことも必要でしょう。

新規上場会社数は単に多ければよいという単純なものではありません。問題会社が上場することにより，投資家に損害を与えれば投資意欲の減退を招きひいては，金融市場のシュリンクを引き起こすからです。しかしながらあまりに減少してしまうと，市場の新陳代謝が進まず金融市場自体が活力を失ってしまう可能性が高まるでしょう。

日本を代表する会社の大半は上場会社です。上場していないけど誰もが知っている日本を代表する会社の中にサントリーや出光興産，竹中工務店等がありましたが，サントリーは子会社等については食品・ダイナックに見られるように上場を推進し，また，出光興産，大塚製薬，ポーラ化粧品などは有名な会社で，かつ非上場でしたが，最近になって上場しています。竹中工務店は上場の気配は見られませんが，決算内容に関しては自社のHPに開示しており，上場しやすい状況にしているとも考えられます。よく聞かれることですが上場すれば優良会社に成れるのかという問いがありますが，答えはノーです。かつては優良会社しか上場出来なかったのですが，最近は必ずしも優良会社ではない，少なくとも結果から見れば優良会社とはいえない会社も上場出来てしまっています。上場審査においては少なくとも優良会社と判断された会社しか上場出来ないということはいえるでしょう。また上場することによって，いろいろなチャンスは増えるでしょうが，だからといって，上場しただけで優良会社に成れるというものではありません。

しかしながら，逆に優良会社が上場した場合，しなかった場合と比べて事業拡大のスピードが速くなるかどうかという点について考えてみると，答えはイエスといえるでしょう。そのことは結果として日本を代表する会社は，僅かな例外を除きことごとく上場会社であるということを表しているということです。

2008年から2009年にかけて不動産業、中でもマンションデベロッパー（開発業者）といわれる会社が上場会社の中でも多く倒産しました。これらの倒産した会社の決算書を見ると、株式上場後、損益計算書の経常利益はプラスが続いているものの、資金収支について見ると上場後一度も営業収支が黒字になっていない会社が多く、つまり信用力の増加に伴う銀行の融資枠の拡大を開発物件に注ぎ込み在庫が増えることによって営業収支は赤字で、財務収支の黒字で賄うという形で多くの会社は継続していたといえるでしょう。このような状況が続いていた状況から一変して、在庫の売れ行きが鈍ると共に、銀行の新規借入れがストップして約定弁済だけとなった場合、それこそあっという間に資金が枯渇してしまったということです。2007年の決算期において上場来最高益をマークした会社もその翌期には倒産した会社の中にたくさんあります。今回のケースを見ると、むしろ不動産開発会社は株式上場したほうが、倒産リスクが高まるといっても過言ではないと思われます。だからといって不動産デベロッパーが上場すべきでないということはありません。上場を志向される場合は、キャッシュフローと倒産リスクについて十分検討し、借りられるだけ借りるというような対応は慎むことが必要ということです（一方で上場会社だからといって青天井で融資をするような銀行も問題といえますが）。

　株式上場に向く社長とそうでない社長というものがあります。それは、社長の倫理感覚として、合法であっても倫理的に問題がないと判断されるような内容でなければ、決断しないというような慎重さが必要ということで、今まで上場したものの問題を起こした会社は、合法であっても倫理的に問題、あるいは合法かどうかも分からないような領域に、簡単に踏み出していってしまった人たちということがいえるでしょう。したがって、上場を目指すのであれば、コンプライアンス（法令順守）に関しては、徹底していくという覚悟が必要といえるでしょう。
　また、株式上場を早くから志向し、内外に公言する経営者の多くはよい意味で目立ちたがり屋といえるでしょう。しかしながら目立ちたいから上場したい

といわれても実力が伴わなければ上場できるものではありません。また取引所は上場を認めるのは自分たちだけであるという意識を強く持っていますから，会社がHPにいつ上場予定というような表示をすることをきわめて嫌います。いくら幹事証券等が確実というような言葉を出したとしても，そのことには気を付けなければなりません。かつて会社がいつ上場予定といってしまったことが取引所の目に留まって結果として上場がかなり延期となったという話を聞いたこともあります。

　一方，真の実力者は目立つことを嫌ったりする傾向があります。このあたりのメンタリティーは従来型日本人的感性なのかもしれません。少なくともアメリカ人は実力があって目立つことを嫌うという感性は理解できないのではないでしょうか。しかしながら，この日本的メンタリティーは株式上場の普及にとってはマイナス要因として作用しているといえるでしょう。目立ちたがり屋の実力が伴わない会社が多く上場してしまったために上場後に問題を起こしているという見方も出来ます。したがって，目立ちたがり屋がいけないということは決してないので，もっと実力をつけてもらうことが必要ということと，控えめだが実力のある会社こそ創業家や自分の会社のことばかり考えているのではなく（小さくまとまっているのではなく），国民経済的な視点から日本経済の発展のためにも上場を志向してもらわなければならないのです。控えめだが実力のある会社のタイプは，事業承継についてのみ強い関心を示す事業承継タイプと，仕事をこなしていくことしか関心を示さない仕事人間タイプに分かれます。せっかく実力があるのだからもっと視界を広げてもらいたいと思います。こうした会社が変革し上場志向会社つまり成長志向になることが上場会社を増やし日本経済の回復，発展のために必要なのです。もっとも日本人も若い人ほどアメリカ人的なメンタリティーに近づいているためか目立つことを嫌うというようなことはなくなってきています。このような背景から年代的にみると30代から40代前半くらいまでの経営者による上場は増えています。歴史のある企業でも経営者が若返ることによって上場志向となることもありますが，もう少し上の世代の経営者の方も内容を分からずに拒絶反応することなく，日本経済活性

化のためにも株式上場にチャレンジしてもらいたいものです。株価全体が上昇期にある今の時点などはこうした会社がIPOを目指すべき時期といえるでしょう。

　日本国内においても，ベンチャー企業の起業が多く見られる地域と，その逆の地域，新興市場を含めた株式市場に対して上場している会社がほとんど見られない地域があります。ちなみに中部地区は日本経済の10分の１といわれていますが新規上場会社数は年度にもよりますが概ね20分の１くらいです。つまり日本全体で100社新規上場があると中部地区での上場は５社程度にとどまります。この地区は未上場の優良会社が多くある地区として有名ですが，新規上場会社の数は少なく経済の活性化や新陳代謝の面で問題があるといえるでしょう。トヨタなどの大型企業の業績悪化がこの地区に大きく影響を与えてしまうのも，ベンチャー企業を含む起業が少ない地域特質なのかもしれません。支店や工場によって雇用が支えられていることも起因するのでしょう。このような地域には行政等が主体となった地域活性化策の一環として企業誘致が必要と思います。
　現状では新規上場会社の数は東京に一極集中しているといえるでしょう。新規上場会社のうち６～７割が東京本社となっています。横浜などを含めた首都圏では７～８割に達し，大阪は関西圏を合わせても２割以下でその他の地区は中京圏を合わせても１割強というのが最近の状況です。このことはアメリカでは企業の地域がNYに集中していないことと非常に対照的と思います。日本では地域行政がそのことを課題としてほとんど捉えていないことも大きな原因でしょう。

　地域経済の振興と新規上場会社の数は相関関係があると考えなければならないでしょう。しかしながら，その地域で事業を行うことに対するメリットが考えられなければ，情報収集に優位な東京に会社は集中してしまうことになります。地域の自立的な経済振興を考えるのであれば，例えば特定業種のベンチャー企業を呼び込んで，支援していくような現実的かつ具体的な政策が実行

されなければ，大きな変化は起こらないでしょう。

　また地域のリーダー的会社（経営者）特にベンチャーとして成功した会社には周りの会社に成功体験を流布するとともに上場を促していくような献身的な対応が望まれるところです。このように地域のリーダー的会社が自ら上場を果たし，有力な経営者や新興企業などを集めて勉強会などを行っている地域では上場会社が増え地域振興がうまくいっているケースがある反面，地域のリーダー的会社が上場は絶対にしないと公言し，新興企業が上場しようとすると批判的な対応をとるような保守的な地域もあるようです。

　一方で民間会社でありながら企業とその発展による地域活性化という課題に取り組んでいる人たちもいます。横浜市では開港150周年にちなんで新規上場促進のプロジェクトが行われましたが，それにかかわった人たちなどはその例といえるでしょう。その活動は，現在は横浜ビジネスグランプリに引き継がれていると思います。

　そもそも資本主義とは経済活動をする主体である会社がその活動資金を調達するために株式という会社の経営権と財産権を分割・流動化した有価証券を発行するという仕組みを前提としています。しかしながら日本では100万社以上あるといわれる株式会社のほとんどは所有と経営が分離せず，株式は全て経営者によって保有されるという形となっています。

　このことは有限責任であるはずの株式会社のほとんどが銀行融資や不動産賃貸にあたり経営者の個人保証が必要という慣行に結びついており，ほとんどの株式会社の社長は会社の倒産は個人としての破産と同義とならなければならない状況におかれています。このことを経営者の担がなければならない十字架と称されたりもしますが，株式上場に際しては，会社が経営者個人から独立していることが求められるため，このように会社に対して経営者個人が保証を行うような行為は，その経営者が退任することが会社の破綻につながるとしたら安心して投資できない会社という判定になるため解消が求められています。ひと昔前には上場準備している段階で個人保証を解消してもらえる金融機関も多

かったのですが，少し前にそのことを悪用した事例などもあったことから上場申請後とか実際の上場後などに解消してもらうケースが多くなっているようです。このように多くの経営者にとって株式上場とは個人保証という自らに架せられた十字架を降ろすという意味合いも非常に重要でしょう。

なお，経営者等の特別利害関係者と会社との取引は，上場申請時の開示資料に含まれていますので，こうした保証が行われている場合も特別利害関係者との取引として開示されています。特に本社の賃借契約における保証人については，外れていないケースのほうが多いと思われます。

株式上場とはこうしたプライベートカンパニーを本来の株式会社の目的とした形であるパブリックカンパニーに変換していくプロジェクトであり，いかに優良な会社や勢いのある業界であっても，そのライフサイクルは有限であることから，資本主義経済社会が健全な新陳代謝を繰り返して活力を維持していくためには株式上場は欠かすことができないことといえるでしょう。

会計基準の国際化が進められる中で，資本市場の様々な規制などについても徐々に国際化（この場合はアメリカを中心として）が進んでくることになるでしょう。そうなると現在の日本との大きな違いは，資本市場の多産多死ということで，日本は世界から見れば少産少死であったわけで，今後制度設計自体が，大きくその方向にかじ取りがされることになることが予測されます。

最近若い経営者たちの話を聞くと，IPOは面倒くさいし，上場後にもお金がかかって，一方でまとまったお金を手にするのは難しいのでM&Aで事業を売却した方が簡単だ。といったことがよく聞かれます。これはある面で当たっているということも言えるでしょう。しかし，上場して資本市場の力を借りなければ，会社を短期間で拡大していくことには限界があるのでそのことを考えているなら面倒でもIPOが正解といえるでしょう。また一見面倒に思われる事項も会社を継続的に安定的に運営していくためには，必要なことなので，面倒と思わないことも必要です。

序章　IPOの勧め

IPOに必要な費用（小規模組織のベンチャー企業のマザーズ上場のケース）

	直前前期	直前期	申請期	上場後
証券会社引受指導料	3,000	6,000	4,000	0
監査法人費用	3,000	10,000	12,000	12,000
株式事務代行		1,000	3,000	2,500
証券印刷		1,000	8,000	4,000
東証		2,000	6,000	1,000
監査役		6,000	10,000	10,000
IPO担当者等管理関係増員	5,000	10,000	10,000	10,000
計	11,000	36,000	53,000	39,500

　上記はどの会社でも当てはまるものではなく小規模のベンチャー企業前提で想定される内容を考えてみたものです。当然組織が大きく売上や利益規模が大きくなるほどコストは大きくなると考えてください。なお，M&Aに関しては法人対法人で事業譲渡した場合は，税制上通常の法人税の適用となり約半分の税金がかかりますが，株式の譲渡という形で会社を譲渡する形をとれば，個人の所得税の適用となりますので，分離課税で20％限りとなりますのでIPO後に市場で株を売却した倍に適用される税率と現在は変わらなくなりました（以前はIPOによる株式の売却に関しては所得税の特例があり，大幅な軽減措置がありました。IPO件数を増加させるためにはこの税制復活に関しても検討が必要でしょう）。

　高額所得者の日本からの脱出という事態が最近では多くみられるようになりました。

　これはITの発展によって，事業を行う場所についての制約がその場所にいなければならないというようなことが少なくなったことにもよるのでしょうが，高額な納税を負担してもその国で事業活動をするメリットがなければ，合理的な判断として他国を選択するということは十分理解できます。下表は日本と香港での高額所得者の税金の差を示したものです。

(単位：千円)

所得の金額（総合課税対象）	300,000	1,000,000
日本（所得税＝国税）	117,204	397,204
日本（住民税＝東京都）	16,700	51,700
香港（所得税＝国税のみ）	51,000	170,000
日本と香港の税金差額	82,904	278,904

　上記の表で見てわかるように，課税所得が3億円の人の場合で日本と香港では税金に82百万円の差が出るということです。香港居住者となるためには日本の非居住者要件を満たし，かつ日本国内に住所を持たないなどの制約がありますが高額所得者で，日本で事業をしなければならない人でなければ香港移住のメリットはある可能性があるといえるでしょう。IT系，金融系，貿易系の事業者の方は検討すべきといえるでしょう。

　上記のほかにも株式の譲渡所得などに関する課税は香港やシンガポールについては原則ありません（キャピタルゲインの非課税）。日本でも20％の分離課税となっていますが，そもそも税金がかからないということですから大きな差といえるでしょう。

　なお，香港で相続税（贈与税）が非課税であることを利用した武富士の株式贈与に関する平成23年2月18日最高裁判決が示され，武富士側の勝訴となりましたが，これは，住所の解釈をめぐる争いで，関心のある方は確認ください。

第1章

株式上場についての考察

1．株式上場の是非

(1) 株式上場の意思決定について

　会社を立ち上げて大きくしたいが資金がない，このような会社に資金を提供してくれる可能性があるのは，エンジェルとかベンチャーキャピタルでしょう。彼らは将来的に株式上場できるレベルの潜在的能力を有する会社に未上場の段階で主に増資に応じることによって資金を提供し上場後，概ね1年内に市場で売却することによりキャピタルゲインを得ることを目的としています。したがって，このような資金提供を受けた会社はその受けた時点で，株式上場の意思決定をしていることが条件となります（ただし，上場計画が長引いた場合などは，途中段階で売却したりすることもあります）。

　これらの未上場会社に対する投資家から資金を受けるのは，容易ではなく受けられるかどうかの判断要素としては以下のようなものがあります。
・　証券市場の景況
・　ビジネスモデル及び事業計画の内容
・　経営者のキャリア，人柄から計画の遂行可能性
・　創業から現在までの経理の状況を含む推移

　このように資金調達の関係から，株式上場を目指すことが半ば義務化する会社は別として，創業から数年，上記のような資金調達をすることもなく業績を順調に積み上げ，意識はしていなかったが気がついてみたら株式上場を目指すに足る業績に達していたような会社は，証券会社やVCから上場してみたらどうかと勧誘を受ける機会が増えてくるでしょうが，実際のところこのように個人創業で業績も安定しており同族関係者も含めて役員報酬もそれなりにもらっ

ているようなケースで，その上，上場することによって実際のところ本当にメリットはあるのでしょうか？

　株式上場に関する仕事をしていて，上記のような疑問を持つ経営者は多く，今までにそのような質問を数え切れないほど受けてきました。
　中でも，株式上場のデメリットを大きく考え過ぎたり，近くに株式上場をして失敗をした経営者がいて，結果としてよくないことがあったことを知っているので，その影響から何があっても株式上場はしない，とか，何代目かとなって保守的となった経営者にその傾向は強く，極端なケースではなぜか家訓として株式上場はしないということを決めているなどのケースもありました（もっとも時代が変われば家訓も臨機応変に解釈すべきで，住友家の有名な家訓には「掛売りをするな」というものがありますが，現在ほとんどの住友グループの会社では掛売りをしています。もし家訓を守っていたら今日の住友グループはもちろんなかったでしょう）。家訓は，そのことによって何をいいたかったのかをよく考えてみるべきで，表面上の言葉だけにとらわれすぎないようにすべきだと考えます。

　私が，その経験から株式上場とは何かと問われたときに，まずはスポットライトを受けてステージに上がることと答えています。上場したら成功とか失敗とかいうことではなく，上場ということはあくまでも手段であって，目的ではないということです。このことをはき違えている経営者の方は現在でも非常に多いと思われます。スポットライトを浴びるということは，その業績や仕事ぶりが社会から大きく取り上げられることになるということですから，うまく対応できれば評価は倍化しますし，下手に対応すれば，評判は地に落ちるでしょう。それは株価にストレートに反映することになります。
　こうしたことから，新規上場のことをそれに関わる仕事をしているものの間ではデビューという言葉で表すことが多いのですが，それはまさに上場後の変化を意味したものといえるでしょう（上場直前段階での機関投資家に対する説明会で日本各地を回ることがありこれをロードショーといいますが，これもIPO時に使われ

る専門用語の一つといえるでしょう)。

　少なくとも上場したことのみで事業が拡大し，業績が向上するというほど甘いものではありません。新規上場会社がメディアに取り上げられ，投資家やアナリストの注目を浴びるのは新規上場前後の1ヶ月程度といわれています。それを過ぎれば大きく取り上げられる機会も減ります。よい意味でメディアに取り上げられるようなIRやPRが行われなければ，著名度の向上などは過大に考えない方がよいでしょう，ましてそれで業績が向上するという計画を立てることは危険といえます。
　ただし，上場会社の知名度は未上場の会社に比べ高いので，よい意味でも悪い意味でも何かあった場合のメディアが取り上げる可能性は同程度の未上場の会社よりも高くなることを理解しておく必要があるでしょう。
　上場を果たした多くの経営者からは，新入社員の採用面での顕著な変化が聞かれますので，その点に関しては期待してもよいかもしれません。このあたりはアメリカでは上場後にストックインセンティブの機会が減ることによる優秀な人材確保の困難性が指摘されていることと対照的かもしれません。もっとも上場会社が有利であるのは新卒の採用において売り手市場の状況下においてであって，買い手市場の年度では未上場でも人材確保にそれほど苦労はしないでしょう。

　上場するかどうかの判断に当たっては，自社のビジネスが安定的に業績を右肩上がりに出来るものなのかどうかを見極める必要があります。上場後，投資家は投資対象とした会社に対して常に右肩上がりの業績向上を期待するわけですから上場している会社は常にその期待の裏返しとしてのプレッシャーを受け続けることになるわけです。したがって，特に新規上場後の数年間は右肩上がりの業績を確保できるかどうかに対し自信を持てるかどうかが非常に重要で，それを達成できることが投資家の期待に応えることであり，経営者のストレスも少なくし，上場市場における評価も確立していくことにつながるわけです。

したがって，上場準備期間にそのことを十分に踏まえて事業計画を考えておくということが必要ということです。

　株式上場のメリットという場合に私は「株式上場の黄金律」ということを大分前から申し上げています。株式の上場は，株価に期待値が反映されることを通じて資金調達能力が飛躍的に拡大し，そのことを会社成長のドライバーとして利用することにより，株式上場後短期間で大企業に発展できる可能性があります。この成長のドライバーとしての株式上場の利用のされ方を黄金律と称しています。ちなみに黄金律とは宗教や哲学で用いられる用語でイエス・キリストの「他人にしてもらいたいと思うような行為をせよ」を意味するといわれます。自分が成功するためにはまず他人にしてあげることが先決であるという意味でしょう。その意味が転じて最近では必ず成功するための方策というような意味での利用がされていると思います。ここでもその意味で使っています。

　上場した会社の中でも，現実的には10社に1社あるかないかですがこの黄金律にうまく当てはまった会社は，上場後数年間事業拡大を続け，短期間で日本を代表するような大企業に発展していく可能性があります。
　それでは株式上場の黄金律とはどういうことかというと，未上場会社においては株式の価値は，過去の業績あるいは現在価値を元に計算されしかも換金性も低いことからディスカウントして評価されますが，上場することによって株式の価値は，将来の業績に対する期待値や市場環境，あるいは経営者に対する評価などが大きく影響するようになります。会社の資金調達能力は間接金融中心に考えれば，その保有する財産の担保価値によってほとんど決まってしまいますが，上場することによって投資家がその将来性を認めれば，将来的な価値を前提とした株価がつけられ，その価格で時価発行増資をすることにより会社としては将来価値を先取りした形で現実の資金を調達できることになります。この資金を元に業績を確保しさらなる将来性を語ることによって企業価値をさらに高め，資金を調達しという循環を繰り返すことによって，上場しない場合

第1章　株式上場についての考察

では考えられないスピードで事業拡大を可能にするというものです。つまり上場するということをうまく利用した会社がエマージング・グロース（急激な拡大）を可能にするということになるのです。日本企業にはこのエマージング・グロースを達成している会社，つまり創業後10年足らずで世界的な会社にまで拡大しているような会社はアメリカなどと比べると少なく，そのことが日本経済のこの数年間の停滞と関係しているという見方も出来るでしょう。ちなみにアメリカでは上場後数年でアメリカを代表するような会社に成長した会社は，マイクロソフト，グーグル，シスコシステム，オラクル，アップル，FB（フェイスブック）など誰もが多数挙げることが出来るでしょう。

　この黄金律とは，株式上場という制度を資本市場からの資金調達能力の付与，及びそのことがもたらす間接金融も含めた企業担保能力の向上と捉えた場合に，そのメリットにおける根幹をなす考え方といえるでしょう。何のために上場をするかということは，オーナー経営者の方の考え方や会社の置かれている状況によって様々であり，中には直接金融による資金調達に関してあまり関心がないという場合もあります。しかしながら株式上場のメリットの根幹を成す株価と資金調達に関する考え方は理解しておくことが必要です。

　私はIPOが国民経済的にどのような意味を持つのかと考えた場合に，株式上場後にこの黄金律に当てはまるような成長を遂げられた会社がどれだけ生まれたのかが重要なのではないかと考えています。それらの会社は将来の日本を支えていくような会社となるのでしょうから。また，これらの会社が生まれないと経済の新陳代謝が進まず，経済は老化現象を起こし成長力を失っていくことにもなるでしょう。

　ここで，一方投資家の立場から考えてみて，買う気持ちになる株ってどんな会社の株か考えてみましょう。
　ごく普通のサラリーマン世帯のような人たちを思い浮かべてみると，銀行預

金にしていてもほとんど金利はつきませんが，一方で0になってしまうかもしれないような株では大事なお金を使いたくないでしょう。となればどうしても業績が急激に増減する可能性が高い会社よりもある程度の安定性と成長性を兼ね備えている会社が候補となるに違いありません。このように長期にわたり安定的にある程度の高収益を維持できると判断される会社は，同じような業績を計上している他社よりも株価が高くなる可能性が高いといえるでしょう。それは一般的な投資家の立場から見て買う気がするからです。もちろん，投資家の中には銀行金利より少しくらい高いくらいのリターンでは面白味がないとして短期間に倍増できそうな銘柄を考える人もいるでしょう。そのような人に対しては，長期的な安定性には欠けるが，短期的な成長期待が高い会社が候補となるでしょう。このような会社も高い株価を実現する可能性が高いといえます。最近の分析では時価総額が100億円に満たない上場会社の株取引を支えているのはネット証券で取引をする個人投資家が主体であり，その年齢層は60歳台がメインであるということが分かってきています。100億円を超える会社は機関投資家（ファンド）が売買し，かつ外国人投資家が大きく影響するようになるということです。

　ここで整理してみますと，株価が高くなる可能性が高いということは何を意味するのでしょうか。株価が高くなれば，まずそれを発行する会社も資金調達をしても既存株主の持ち株比率を大幅に変動させずに行うことが可能となるのでメリットが高いといえます。そしてその売買に関して手数料を受け取る証券会社もメリットが高くなり，また既存株主にとっても財産価値の上昇というメリットがあります。つまり株価が高くなるということはそれを巡る利害関係者のメリットが全て実現していくことを意味します。

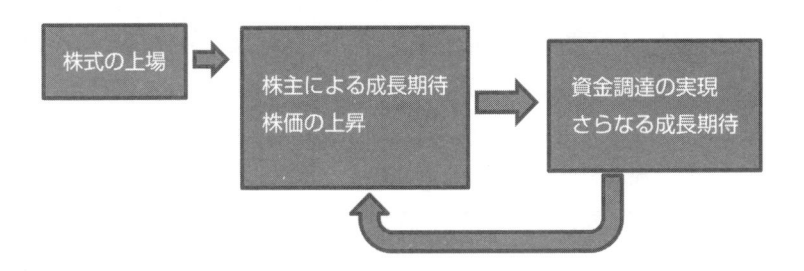

```
[株式の上場] → [株主による成長期待 株価の上昇] → [資金調達の実現 さらなる成長期待]
                    ↑_____|
```

　IPOの黄金律とは、株式の上場によって株価がその会社への成長期待によって高くつけられると、実際に株価が高くなったことによってその会社の資金調達力が強まり、実際に資本市場で調達した資金をベースにさらに事業拡大が実現できるということが繰り返され、成長が継続されるという意味でそのことを簡単に図示すると上のようになります。

　本来上場に向く会社は、上記のように株価が高くなる2つの可能性のうちどちらかを備えた会社であることが必要ですが、実際に最近上場した会社を分析してみると上場前後に業績がどのように展開するかには以下の4つのタイプがあるといえるでしょう。

① タイプ1（ぎりぎりの利益水準で上場し、上場後業績が低迷するケース）

　経営者の目的がIPOになっているような会社に多いタイプです。上場直前期あるいは申請期までは上場に必要とされる最低限の業績程度は維持しますが、その後業績は下方に転じ回復することなく低迷します。もちろん当初の計画はある程度の右肩上がりで作成されていますが、その実現可能性に関する裏づけは少ないといえます。過去においては人材派遣業界、あるいはそれに近いソフトウェア業界などに多く見られ、業種というよりも経営者による可能性が高いといえるでしょう。

② タイプ2 （安定志向　低成長タイプ，製造業，外食などに多い）
　ビジネスモデルに新しさは少なく，業績の急拡大も望めませんが経営者は安定志向であり，業績を上場前後の期にかかわらず安定的に地道に積み上げていくタイプです。堅実で常識的な経営者に多く，外食業界や製造業などに多いタイプです。上場後に無理に急成長を志向すると，かえって危険な状態になる可能性も高い業界といえるでしょう。
　なお，ビジネスモデルに新しさはありませんが安定性に欠け景況によって利益の増減が大幅に変動する業界に不動産業界があります。もちろん不動産関連業であっても新しいビジネスモデルの会社も出てきてはいます。不動産検索サイトなどは，むしろ安定的な実需に支えられた事業とも考えられます。

③ タイプ3 （新規性があり高成長を目指すタイプ）
　ビジネスモデルに新しさがあり，経営者は若く斬新な感覚と指導性を併せ持ちます。設立当初からIPOを意識し業績の急拡大を目指しますが，IPOまで到達する会社は僅かであり，かつIPO後に計画通りの拡大ができる会社はさらに僅かとなりますが，このような計画を達成するケースも存在します。IT関連のベンチャーなどに多いといえるでしょう。なお，バイオ関連もこの範疇に入るでしょうが，現在までのところ日本では上場した会社も含めバイオベンチャーで成功例といわれるものは出てきていません。アメリカにはアムジェンとジェネンテックの例があり，この2社は売上においても利益においても日本最大の製薬会社といわれる武田製薬を上回っています（下記参照）。
　バイオベンチャーはサイエンスを事業価値に変換するといわれ，日本のマザーズ市場においても業種別時価総額で見た場合，ICT関連事業を抜いてマザーズ全体の36％と最も高額となりました。ちなみにICT関連は28％，サービス業が19％，商業が5％，不動産業が4％となっています（東証作成資料平成25年10月より）。

アムジェンとジェネンテックについて

・　アムジェン

　1980年にロサンゼルス郊外で，3人で創業（現在は1.7万人），創業後3年でIPO，分子生物学，遺伝子組み換えの分野の技術を持ち，赤血球増殖剤（epogen）及び白血球増殖剤（neupogen）の2つの医薬品の開発成功が同社を世界的な企業に躍進させた。これらは大腸菌を利用して作る薬剤であり，バイオ医薬という。現在医薬品世界売上ランキング13位で売上利益共に武田製薬を上回る。今後はバイオシミラーへの投資及び，自己免疫力強化剤（サイトカイン）への投資を掲げている。

　なお，シンバイオはアムジェンの創業メンバーが日本でその理念を実現すべく創業したもの。

・　ジェネンテック

　1976年サンフランシスコで創業，4年後の1980年にIPO，当時販売していた製品は0，売上も当然0であったが，IPOの調達資金は3,800万ドルと当時の新記録を作った。しかもIPOによる取引開始後20分で株価は3倍近くに跳ね上がった。ジェネンテックはサイエンスそのものをビジネスにした会社といわれた。1990年代からロシェの傘下に入り2009年には完全子会社となった。

　ジェネンテックには1,100名以上の研究者，科学者がおり5疾患カテゴリーに研究を集中。

　腫瘍学，免疫学，再生医療分野，神経科学，感染症である。

　製品は1982年のヒト組み換えインスリン以降2年ごとくらいで発表されており，現在の売上はバイオベンチャーとしてはアムジェンに次ぐ2位であり，武田製薬を上回る。

　この2社のIPOは日本におけるバイオバブルといわれた2000年頃から20年ほどさかのぼり成功しているのに対し，日本のバイオベンチャーはいまだ1社も

成功といえるものはなく，このことが非常に危惧されている（アメリカのベンチャーは有言実行だが，日本のベンチャーは有限不実行＝見方によっては詐欺的ということ）。しかし，いまだに日本の個人投資家はバイオ銘柄を買っている人が多く，その期待に応える銘柄が出てこなければならない。

④ タイプ4 （名門企業の変身タイプ）

　設立後ある程度の年数を経ており，業績も業界における地位も確立できていますが，いままでIPOに関しては真剣に検討してこなかった経営者が，さらなる事業の拡大あるいは新しい事業への進出などを契機としてIPOを目指したようなケースで，もともと一定レベル以上の業績は安定的に確保できており，さらに新しい取組みに関しても経験を生かして確実性を高く達成することができているタイプです。もっとも新しい試みが特にあるわけではありませんが，何かのきっかけで上場することにしたというケースもあります。

　タイプ1を除けば全て成功する可能性はあるのですが，上場後の長い期間を考えると急激な業績の上昇と下降を繰り返す会社よりは安定的な事業拡大に伴う増収増益を達成している会社が成功する可能性が高いといえます。特に上場前後で急激に業績を持ち上げることに成功した会社の中には，さらに市場の景気の波に乗ることによってまさにデビューしたてのアイドルがプロモーションに成功した場合のようにブームに乗るような形で業績等からは説明のつかないような株価にまで押し上げられることがあります。しかしながらこのような会社の多くはそれ程の時間を要さずに右肩上がりの業績を維持できずに本来の価値あるいはそれ以下の価値まで下がってしまうことが多いといえるでしょう。あまりに急激な業績の拡大はその反動のリスクも多く持っていることを考えておかなければなりません。

　ブームに乗ったときにそれを実力と勘違いして有頂天になり，永遠にブームが続くと思って風船を膨らませるようなことをしたら，いつかはその反動を受け止めねばならなくなるものです。むしろ冷静に考えれば自分たちの実力と比

較して過大評価であるかどうかは見極めがつくはずで，過大評価であると判断されるのであれば，それが正常値に戻ってくるのは必定でありそのことを見越して対策を考えておくのが賢明なる者のすることでしょう。むしろ早めに正常値に戻ったほうが長い目で見た場合によいともいえるでしょう。このことは先に述べた黄金律の話と矛盾すると思われるかもしれませんが，黄金律の話はあくまで証券市場で正常に評価された場合においても，成長企業の評価は過去実績よりは高いので成り立つのです。証券界では株のことを玉（ぎょく）という言葉に置き換えていくつかの熟語があるようですが，上場後株価が長期的に下落を続ける銘柄，つまりどのタイミングで投資してもほとんど損をしてしまう銘柄のことを悪玉といい，その逆に上場後長期的に株価が上昇しどのタイミングで投資してもほとんど得をする銘柄のことを善玉というそうです。新規上場時の公募増資のことをIPOといいますが，これはご存知のように最初の公募増資（Initial Public Offering）を意味します。証券市場に上場するということは最初の増資だけで終わってしまっては意味がないのですが，IPOがLPO（Last Public Offeringこれは一般用語ではありません。念のため）になってしまっている会社が実に多いのです。つまり悪玉になってしまった会社がそれに該当します。その銘柄に投資した投資家がみんな損をしている状況で，今度さらに増資をしますので株を買ってくださいといって，増資の手伝いをしてくれる証券会社はないからです。このような会社がMSCB（通常株価が下がった場合は元値＋金利で債権として償還し株価が上がった場合は株式に転換できるという特殊な転換社債）などというただでさえ株価が下がることによって迷惑をかけているのにその株主に対してさらに不利になるような株をしかも桁違いの手数料を支払って発行することになるのです。

　したがって，上場して善玉になるということは非常に重要なことで，それをブームに乗るのではなく堅調な業績と適切なIRによって達成することが必要です。上場後株価が10年以上ほぼ上昇傾向を続けているという会社の特徴は，業績の下方抵抗力が強いということで毎年10％から30％の範囲でそれ以下でもそれ以上でもなく増収，増益を続けている会社です。こうした会社は年を追う

ごとに証券市場での評価が高まり同じ業績を続けていてもPERは高くなってくる傾向になります。それはその会社の安定性の高さを年ごとに上げていることに対する市場の評価といえるでしょう。

　なお，玉については初値が高くなりすぎるのを抑制するために必要に応じて幹事証券会社がオーナーなどから値付けのために市場に放出する株を預かることがあり，この株のことを「冷やし玉」といいます。英語ではGreen Shoe Optionといい緑の（冷めたイメージ）靴で暴騰する株を冷やすイメージかと思われます。最近ではオーバーアロットメントといって上場時の公募増資の段階で応募の数が多い場合に公募の数量自体を増やしてしまう方法が非常に多く採用されるようになり，旧来の冷やし玉という言葉は利用されなくなったようです。オーバーアロットメントとは，幹事証券が公募株の割当先を募集する段階で，応募者が大幅に公募株数を超えてしまうような場合には，あらかじめ大株主から一定量の株を借りることを約束していて，その株をオーバーした応募者に割り当てることで，上場後の株価が公募価格より高くなった場合は公募価格で借りた株を買い取ることができ，公募価格を割ったときは，その価格でマーケットから株を買い取り，借りた株を返すということを行うことを意味します。

(2) 株式上場とマネーゲーム

　私のように株式上場を目指す会社の方たちと次々に接していますと，その中にはどうしても一定の確率で自分たちの事業をいかに継続的に拡大させるかということよりも，とにかく先に上場有りきで，そのためにどうしたら上場できるかということにしか感心がなく，つまりは株式上場を金儲けの手段として考えているとしか思われないような人達がいます。

　確かに，よく故大川CSK会長がいっておられたように，日本の税制を踏まえて考えると株式上場はジャパニーズドリームを叶える唯一の方法という見方は一理有るでしょう。アメリカの所得税は日本と同じように累進課税ですが，その最高税率は概ね40％とレーガン時代の減税以来日本の最高税率である概ね

50％を約10％下回っています。しかし，キャピタルゲイン課税（有価証券譲渡所得）についてアメリカでは日本のように分離課税の考え方がないので長期保有の有価証券について10％の税率優遇があるのみです。一方，日本の場合は分離課税で特例適用によって10％限り（平成25年12月末まで，以降は20％）となりますので，日本の方が概ね30％（平成25年12月以降は20％）程度低いことになり，そのことも併せて理解した上で故大川氏はアメリカンドリームになぞらえてジャパニーズドリームと称していたのでしょう。

しかしながら社会が必要と認め役に立っている会社でなければ，一時の浮利を得ることは出来てもいずれ儲からなくなってしまい事業を継続的に拡大していくことは出来ないでしょう。

ベンチャーに対する様々な支援を行っている一柳氏(注)は何よりもその会社が世の中に役立つことをしようとしているのかどうかを重視されますが，そのことは会社が長く繁栄するためには必須のことでもあるからなのです。

(注) 一柳良雄氏，元通産官僚，現ベンチャー支援コンサルタント，関西経済圏を中心にエネルギッシュな活動を展開，政財界に幅広いネットワークを持ち，テレビキャスターも務める。著書に「一柳良雄のベンチャー実践塾」などがある。

もし，たまたま運よくマーケットで爆発的に売れるようなヒット作を生み出した会社があったとして，その利益をもって，将来の利益が出せる確信はないままに上場をしてしまうことは非常に危険なことです。上場準備している期間に売上の減少が始まり上場できなかった場合は，むしろ幸いと考えたほうが良いでしょう。そのまま上場してしまって上場後に業績が低迷してしまった会社の苦悩は大変なもので，上場さえしていなければというようなことも起こりえるでしょう（たまごっちが爆発的に売れたからといってそれのみをもって上場したら厳しいことになるというのは容易に想像できるでしょう）。

IPOに関する特殊な手法としては以下のようなものがあります。これらの手法はマネーゲーム的といえるでしょう。普通にIPOをした会社の中にも上場後に行われる大量分割やMSCBなど仕組債の発行などマネーゲーム的資本政策を行う会社も存在しますが，その大半は詐欺的なものといえるでしょう。

(3) オープンIPO

　オープンIPOとは株式市場に上場することをせずに，不特定多数の者に自社株式等の有価証券を売却する行為のことをいいます。株式市場に上場していないため買い受けた者は換金が困難となります。売却時にそのあたりを十分に説明できていなければ詐欺的な行為として社会問題化することもありえます。日本でも1999年にMTCI社が未上場にもかかわらず日経新聞に一面広告を出して資金調達のための募集を試みました。ここで問題であったのは50名以上の者から１億円以上の資金調達を行う場合，予め２期分の監査済みの財務諸表や募集の内容等を記載した有価証券届出書を財務局に提出し効力発効通知をもらわなければなりませんが，その準備が後回しになったために監査報告書に不適正意見が記載されるという異例な事態となりましたし，また増資後の業績も低迷し増資に応じた株主も換金困難となりました。

　近時はこのような大掛かりな話は聞きませんが，未上場株を上場予定があるといって売ろうとする話はその話の全てが問題というわけではありませんが，問題が有る話が多いのも事実です。このような話が一般人に持ちかけられる場合は，大半が詐欺的な案件といえるでしょう。このような場合，相手を信用させるために大手の証券会社や監査法人の関与を示すことがありますが，それ自体も偽りということが多いです。このような案件は年々増加しており，監査法人によってはそのHPの中で，某社と当法人は無関係である旨の注意喚起を行っています。

　近年クラウドファンディングというインターネットを通じた資金調達が話題となってきていますが，これはオープンIPOと似た考えであるということが分かると思います。

　投資する側も，投資を仲介する側も後から騙されたというようなことがないように，慎重な対応が必要です。特に50名以上から１億円以上を調達する場合は公募増資に該当することになり，特に慎重な対応が必要です。金融庁の同問題を扱ったワーキンググループが平成25年11月29日付でプレスリリースを行っ

ており，クラウドファンディングの仲介業者の制限（金商特例2種業者の設置），1人当たり投資額50万円以下，総額1億円以下を想定，開示書類はグリーンシートより簡略化する。制度化は株式型とファンド型に分ける，などとされています。Kickstarterについて調べてみると分かりますが，その趣旨は投資というよりも応援するための寄附的な要素が強く，そのように考えておかないと，社会問題化してしまうおそれもあるでしょう。

(4) リバースIPO

　リバースIPOという手法は，株式上場後に業績が低迷し，何とか上場は維持しているもののきわめて安い時価総額になっている会社（これをshell＝貝殻と呼ぶことがあります）を買収し，そこに業績のよい自社の事業内容を事業譲渡等によって移管し業績を回復させ株の価値と流通性を高める手法で，この方法によって事実上上場審査の手続きを経ることなく短時間で自社が上場したのと同じ効果を得ることが出来るというものです。この手法はアメリカでよく聞かれる手法ですが，日本の場合上場会社が事業譲渡等によって事業内容が大幅に変更となる場合は，上場審査のやり直しという規定があるためほとんど実効性のない手法といえるでしょう。ただし，上場直後からの業績の低迷（上場時がそもそも一過性の利益に過ぎなかった）によって経営者が交代するようなケースでは業績改善のために新たな事業が行われることもあり，これが極端な場合は上場廃止基準への抵触が問題となるのでしょうが，この点については既存株主の利益保護の観点からも慎重な判断が必要であり，新たな事業が営業譲渡や合併などによって急激に立ち上がり，主な事業が変わってしまったということが客観的に計測可能な場合を除いて取引所も再審査にもっていきにくいということはいえるでしょう（かつて富士汽船という海運会社が台湾華僑であるヒューマックスグループによって買収され長い時間を掛けて徐々に外食産業に事業内容を変え，最終的にはワンダーテーブルという現在の社名に変更していますが，このためには非常に長い年月を要しています。このケースではそもそもリバースIPOを狙ったものかどう

かは定かではありませんが，少なくともリバースIPOのメリットである時間の短縮については完全に失われてしまっているといえるでしょう。筆者は同社の方と面談をした経験がありますが，東証の上場再審査に該当することがないように，細心の注意を払われていることがよく分かりました。なお，同社は2010年にTOBにより上場廃止となっています）。

　ただし，すでに上場している会社の場合，同業種であれば自社より事業規模の大きな未上場会社を買収したとしても，上場再審査は行われず，また異業種であったとしても実質的に事業内容が変わったとみなされない程度の内容であれば上場再審査は行われません。なお，この判断に当たっては事前に証券取引所に十分確認しながら行うべきでしょう。

(5) 上場できない業種

　かつて，上場できない3業種といわれたのが，消費者金融，商品先物取引業，パチンコホール運営業の3つでしたが，そのうちパチンコホール以外の2業種は上場可能となりました。

　もちろんそれ以外にも風俗営業にかかわる業種など社会的にその事業の社会的な貢献が認められない業種は上場が認められていません。

　パチンコホールに関しては業界内で上場を目指す上位企業によって，事業内容の透明化，会社による社会貢献活動の実施などによって，上場を認めてもらおうとする積極的な動きが見られましたが，残念ながら景品を金銭に交換するためのシステムに関して，実質的な賭博行為と紛らわしいものとして，日本国内においては上場認可に至っていません。最近パチンコホール最大手のダイナムが，香港証券取引所で上場を果たしました。香港ではカジノ運営会社が上場していることなどから，パチンコホール運営事業も一定の収益規模と成長見込みによって上場認可になるだろうとは昔からいわれてきたことでした。しかし，香港市場上場後，他のパチンコホール運営会社の上場が続くという話はなく，上場したメリットが十分にあったかはよく分かりません。香港での上場コ

スト及び上場維持コストは日本で上場する数倍に及び、かつ株式の流通性確保の点においても難しいと想定されることから、こうした判断は難しい状況にあるといえるでしょう（香港はアジア最古の証券取引所で、アジアで最も古いインデックスであるハンセン指数を形成している市場です。上場に際してはざっくりいって監査法人の費用が日本で上場する場合の約2倍かかり、さらに弁護士事務所の費用が監査法人の監査費用のさらに2倍くらいかかると考えられます（これはUS. NASDAQ市場の上場などでも同じようなことがいえます）。監査法人は香港勅許公認会計士事務所として香港公認会計士協会に登録している事務所の監査証明が必要となり、会計処理は香港ＩＦＲＳといわれる会計処理に準拠する必要があります）。

香港でのIPOについて研究したい場合はHKEX（香港証券取引所）のHPにルールなどは書かれています。また、フィナンテックという会社が香港IPO倶楽部というサイトを運営していますので、それを活用するのがよいでしょう。

シンガポールについてもSGXのHPである程度の内容はわかるようになっています。

一方、少し前の話になりますが、ロンドンのAIM市場にはラブホテルに投資するファンドが上場したということがありました。これも日本では上場不可能なものであったということになるでしょう。

2．資本政策を廻る話

　資本政策とは通常，株式上場を決意してから株式上場に至るまでの資本の部にかかわる，増資や株式分割，ストックオプションの発行などのアクションプランを示すもので，このプランの作成の出来は株式上場の成功を左右するくらい重要なものです。
　なお，資本政策には株式上場後の数年にわたる会社の資金調達やオーナーの持分売却を計画しておくという長期的なプランもありますが，一般的には株式上場までの間の計画を意味します。
　資本政策は，株式上場が会社の所有と経営の分離を必要とする中で，所有に関する部分をどのように分割保有するかということを決めるためのプランですから，第三者の手を借りて作成するにしてもオーナー経営者自身がその内容，意味するところを十分に理解していることが後になって後悔しないためには絶対的に必要です。特に資本政策は具体的な実行に移した場合，元に戻ることは原則として出来なくなりますので，スタートの段階でIPOに至るまでのプランを概略でも立てておく必要があります。さらにいえばIPO後についても考えておくくらいの展望を持つことが望まれます。

　それでは資本政策はどのように考えて作成していけばよいのでしょうか？
資本政策策定のケース・スタディー
　この問題に関しては前述したようにオーナー経営者自身の価値判断も伴うものなので絶対的な正解が存するような性格のものではないでしょう。しかしながらオーナーが一人勝ちするような資本政策もその他の株主の中に飛びぬけたメリットがあるような資本政策もバランスを欠いたものといえるでしょう。IPOを達成するまでの貢献度合いとのバランスを考えることがまずは重要とい

えるでしょう。

　具体的な策定法については，まずはしっかりした事業計画が出来ていることが前提ですが，その上で，すでに上場している会社の中で自社に近いと思われる会社をピックアップして，その会社の財務数値，発行済株式総数（潜在株がある場合はそれも考慮），株価の関係を調べます。特にPER（Price Earning Ratio 株価収益率，株価と税引後利益の比率）についてはこの1年くらいの推移を確認しておきます。

　仮にこの似ている会社のPERがこの1年間の平均で20倍ということでしたら，自社の事業計画とこの会社のIR情報を比較してみて特にお互いに遜色がないということであれば，自社のIPO時におけるPERも20倍程度となる可能性が現時点では高いということになるでしょう。もしIPO時において一番近い将来である申請期における経常利益を4億円（税引後利益は2億円）と想定し，上場直後の株価を50万円くらいが好ましい水準と考えれば，上場直前の発行済株式総数（潜在株はなしとする）は計算上8,000株となります。

200,000千円×20（PER）÷500千円（株価）＝8,000株

　つまり，税引後の利益にPERを掛ければ時価総額となり，一方発行済株式総数に株価をかけたものも時価総額となりますので，その関係で上記株数が求められます。

　PERはわが国の証券業界の歴史的変遷で見て総平均的にみると20倍くらいということがいわれます。現実には暦年では平均値で見ても10倍くらいから50倍くらいまで変化しており，個別銘柄で見ればさらにその乖離は広がります。

　PERは株価と業績（税引後利益）の相関としてその市場に属する銘柄が業績の何倍まで投資に値するかという意味合いを持っており，マクロ的にはその市場の属する国の経済成長率，特にその期待値との関連性が強いといわれます。内閣が変わって経済成長に対する期待値が膨らめば株価が上昇しPERも高くなるというわけです。しかしながら，資本政策策定時点の市況が極端によかった

り悪かったりした場合においてそれを前提に資本政策を組むのはむしろ問題があるでしょう。総平均的な指標である20倍程度を前提に自社の属する業種における会社の値なども考慮した上で考えておいたほうが，無理が少ないように思われます。

　重要なのは，株価が低いときにそれを前提として資本政策を作成すれば，少なくとも資金調達に関しては上場のメリットがないという結論になる可能性が高いのですが，それは株式市況には波があるということを無視した判断といえるでしょう。一方株価が高いときにそれを前提として資本政策を作成するのも同じことがいえるでしょう。

　さて，上場前に発行済株式総数を8,000株にしましたので，IPO時に2,000株の公募増資を行うと上場直後の発行済株式総数はちょうど10,000株となります。IPO時に公募増資する株式の量は通常15％から20％くらいが標準的で，また，この程度の流動化で日本国内の証券市場における形式基準は満たされるといえます（各市場の形式基準を参照のこと）。

　もし，2,000株を公募増資（新たに株式を発行して増資すること）し，売出し（既存株主の株をIPOに際して売却すること）を500株とするとIPO時の資金調達額は，以下のように予想されます。

　公募増資予想額　2,000株×500千円×80％×93％＝744百万円
　売出し予想額　　500株×500千円×80％×93％＝186百万円

　ここで上場直後の予想株価に80％を掛けているのはいわゆるIPOディスカウントを考慮しているからです。またIPO時には申請会社は証券会社より引受価格によって株式の対価を支払い，証券会社は投資家に公募価格で売るのですが，その差は通常7％（確定ではありません）であり，その差額は証券会社の引受手数料相当額となりスプレッドといわれています。このようにIPOに際して引受価格と公募価格を分けることによって，引受手数料相当額は申請会社のＰＬに計上されることがなくなりました。またIPOディスカウントといっているのは，

証券界で初値騰落率といわれている用語を逆から見たもので，IPO銘柄は証券市場の需給によって株価が決定されるメカニズムに入る前に機関投資家等によっていわゆるブックビルディング方式（注）で株価を算定されそれが公募価格となるわけですが，その際にその時点で未上場株であり上場直後に株価が下落するという事態を回避するためにある程度実力より低めに株価を算定するため上場した最初の株価＝初値と比較した場合，通常の状態でもある程度の上昇が見込まれます。この公募価格から初値への上昇率を初値騰落率といいます。

初値があまりに上昇したり下落したりするのはその後の当該株式の株価形成上好ましいとはいえないので，株価を安定させるための方策としてオーバーアロットメント（注）による売出しが利用されます。

> （注）　ブックビルディングとは，上場に際しての公募増資の株価を決定するプロセスを意味し，具体的には，主幹事証券会社が機関投資家からプレヒアリングの回答をもとに公募増資の価格帯（仮条件）を定め，上場予定日の2週間位前から一般投資家に購入希望株数と仮条件の範囲内での希望価格を提示（申込）を受けるのですが，この公募株に対する需要の積み上げブックビルディングといいます。
> 　　　　オーバーアロットメントとは，上場に際して行う公募・売出しの数量を超える買付けの申込みがあった場合，主幹事証券は上場予定会社の株主から一時的に株を借りて公募・売出しと同一条件で投資家に販売することで，あらかじめ株主と主幹事証券間で借株の返却などについて取決めを行うことです。借株の返却方法には，グリーンオプションとシンジケートカバー取引の2つの方法があります。

この初値騰落率についても証券業界における歴史的な平均値は20％といわれています。しかし，2007年の年間データを見ると新規上場121社のうち公募割れ（初値が公募価格を下回ったもの）が29社あり，最低の初値騰落率は－33％であり，最も上がった銘柄では309％と公募価格の4倍にもなっています。

なお，最近年度の平均初値騰落率は，05年135％，06年77％，07年49％，08年18％と大きく減少する傾向にあります。2013年に向けては再度上昇傾向に転じています。

さて，上場直前に8,000株にするとして，現在の株の発行状況が400株で1株当たり50,000円を会社設立時にオーナー経営者が払い込んだものとすると，その後8,000株にするまでどのようなことを考えて資本政策をプランすればよい

のでしょうか。

　この点について考慮を要する事項は概ね下記の3ポイントあるといえるでしょう。

1．創業時から現在に至るまでの間の役員，従業員等の貢献を考え適切なキャピタルゲインが得られるように考える。
2．一方で経営権の安定を考えた場合，議決権（一般的には株式）保有比率について以下の点について留意する。
   ・ 66.7％以上の保有・特別決議（3分の2以上）も可能な株数で，会社の重要な事項の決定権を持つ
   ・ 50％超の保有・最大株主としてほとんどの事項の決定権を持つ
   ・ 33.4％以上の保有・単独で33.4％超持っているということは，他の株主が全て結託しても66.7％を超えないので特別決議はできなくなる
3．上場までの間に銀行からの融資では足りない資金調達が想定され，その資金をVCやエンジェルから調達する必要がある。
4．上場前から今後の事業発展に向けて，提携を強化すべきパートナーがいて資本提携についての申入れを受けている。

(1)　PERについての考察

　上で述べたように証券市場におけるPERの平均値は歴史的に見ておよそ20倍ということがいえるわけですが，もし平均値あるいは正常値を20倍として考えるなら，それを変える要素として大きなものにはまず，市場全体の相場があります。これは例えば日経平均やNYダウなどで表されるものです。会社が平均的な上場会社であったとしても相場が下落している時期にはPERは10倍であったりします。逆のこともいえるわけで平均的な会社であっても相場が高騰している時期には50倍であったりもします。

それでは、相場が平均的な時期においてPERが50倍の会社はどう考えればよいでしょう？

私は、この会社は非常に短期間の間に利益が2.5倍になる可能性が高い会社と投資家が評価している結果50倍になっていると考えるべきと思います。したがって、増益見込みが崩れると株価は減少してしまうことが想定されます。

さらに同じ業績予測を示している会社であってもPERに差が出ることがあります。この場合は過去の業績の推移などから業績予測が底堅いと考えられる会社と、当たるときも外れるときもあるような会社では、当然、底堅い会社のほうがPERは高いことになります。

つまり前者のケースでは、上場後短期間に利益が拡大していく会社のPERは高くなるということであり、後者のケースでは低成長であっても上場以来継続して確実に業績を上げてきている会社のPERも高いということです。

上記の2つの内容に加えて、さらにPERが異なる理由となるのは、会社の内容を適切に投資家に伝えているか、というIR活動です。このIR活動はさらに総じていえば、企業のイメージにつながり、同じ業績であってもイメージのよい会社のPERは高くなるということも考慮しておく必要があるでしょう。

またバイオ銘柄のように赤字でも上場したりするケースもある場合ではPERは異常値を示すケースが多く、どのくらいが妥当ということは簡単にはいえません。ただし、投資家はバイオ銘柄の場合、画期的な治療薬が開発されるだろうという夢を買っている部分が多く、それを実現することが会社として投資家に報いることにもなっていると考えるべきでしょう。PERが1,000倍以上の数値になっている会社は概ね夢を買われているのでありそれを実現する使命があると考えるべきでしょう。したがって、実現しない目途が立ったような場合には株価は急落することになるでしょう。そして、その適時開示ができない場合は様々な罰が待っているということになりますから、細心の注意が必要ということになります。

① 役員，従業員への割当て

　創業メンバーの中に共同経営者に近いような特別な人がいる場合を除き，これらの人たちに保有してもらう株式は上場後インサイダー取引に該当する場合を除き保有者の意思で売却できるものであるため，議決権行使のための安定株主とみなすことは出来ません。

　そのような観点と役員従業員の財産形成といった視点とのバランスでこれらのグループに対する割当て株数は上場直後の状態で10％前後となっているケースが多いといえます。

　今回のケースでは仮に役員，従業員に1,000株割り当てたとすれば，上場直後の10,000株の10％となり，その時点での1,000株の時価は500百万円となります。もし割り当てするべきメンバーの数が25人とすれば1人当たり単純平均で40株20百万円となります。役員，従業員への割当ては貢献度とのバランスが重要であるとともに，このような非金銭的なインセンティブを与えることによって会社の目的と自己の目的を同化させ業績向上，管理レベルの向上に対して前向きに取り組む意思を高揚させるものに対して行わなければ意味のないものとなるでしょう。そういった意味では割り当てるべきものはある程度限定すべきかと思われます。

② エンジェル，VCへの割当て

　株式上場時に想定される株価が40万円ということであり，現在の状況からそれを達成できる可能性が高いと判断されるのであれば，その1～2年前の状態で例えば1株当たり20万円くらいで引き受けてもらえる可能性はあるでしょう。仮に1,500株をVC等に割り当てたとすれば株式上場前の段階で1,500×200千円＝300百万円の資金を調達することが可能です。

　もし株式上場の3年以上前でその確度もあまり高いとはいえないという状態であれば，株価のディスカウントは当然それに応じて大きくなります。上記の例でもし7万円ということであれば1,500×70千円＝105百万円の調達となりま

す。

　これらの資金が会社に入ってくることによって事業計画の達成が可能になるということであれば，VC等に対する株式の割当増資の成否が株式上場の達成及び会社の発展そのものの鍵ということになるでしょう。このようにベンチャー企業に対するリスクマネーの供給源となるVCやエンジェルは資本主義経済社会の新陳代謝を助けるという意味で非常に重要な役割を演じているといえます。なお近時においては，金融機関のグループ会社である金融系VCと上場事業会社が事業提携先に対して資本提携するというCVC（コーポレートベンチャーキャピタル）にVCを分類するケースが増えており，今後のベンチャー育成に対するCVCの役割が期待されています。

　したがって，景気の下降，株価の下落によってリスクマネーの供給が止まればベンチャー企業に血液が供給されなくなることを意味し，マクロ経済的には経済の発展，新陳代謝を阻害することになるでしょう。その意味において政策的配慮が必要といえます。

③　ベンチャーキャピタル投資と投資契約

　ベンチャーキャピタルは，創業期にあるベンチャー企業に対してリスクマネーを提供するに際して，様々な条件を投資契約として付加してくるということが通常行われるようになってきました。

　この内容は，

1. 経営に対する監視（役員を派遣すること），取締役会への出席と意見を述べる権利を保証することなど

　　これは，ベンチャー企業の暴走を防ぐというネガティブな考えというより本来は成長を加速させるための手伝いをする趣旨で付加されているものといえるでしょう。

2. 重要事項に関する否決権の保持

　　事業譲渡とか役員の選任・解任などに関して，賛同しなければ決定できないとするもの。経営の合理性に説明が付けば基本的に賛同は得られるは

ずです。

　ただし，第三者割当増資など，既存株主の希薄化に関する内容については，賛同を得られない可能性もあるでしょう。
3．期限と買い戻し
　例えば，5年以内にIPOできない場合は，会社又は役員が買い戻すことを約するなどというもの。こうした約定を入れる場合は慎重な対応が必要でしょう。
　また最近ではVCの投資時よりも低い株価での経営陣の自社株売却に際して経営陣の特に自社株売却益をVCに分けることを約定に入れるケースも増えてきているようです。
　さらに，こうした契約とは別に，拒否権を持つ種類株の発行も多く利用されるようになってきています。

(2) エンジェル税制とIPO

　2008年の改正では，創業3年未満で研究者が2名以上，研究者の割合が1割以上等の会社に対する投資額は，総所得からの控除が認められることとなりました。従来の制度では株式譲渡益とのみ相殺出来るというもので大幅に改善されました。したがって利用も進んでいますが，ベンチャー企業に供給される資金量が格段に増加したというように短期的に成果になって現れるものでもなく，したがってIPO数の増加にすぐに結びつくことはないでしょう。
　この制度はイギリスなどで利用が進んでいるのに対し日本ではほとんど利用されないままであったので，経済産業省が旗振り役となって，利用促進のための改正がされたものですが，創業からの年数，研究者や開発者の数，さらにはその割合まで，規制していて残念ながら分かりやすいとはいえません。このような制度設計は，税収を減らしたくない税務当局とベンチャー企業への資金供給を促したい経済産業省の省庁間の利害調整から生まれてくるものなのでしょうが，よりシンプルなものにして，この制度の本来の趣旨である，ベンチャー

企業の発展による経済の発展が総じて税収も引き上げるという考えは取れないものかと思います。

　また，このように適用要件を複雑化すれば，この要件を充足するように研究者が1人で済むところを無理にもう1人増やしたり，逆に従業員数を19名で抑えたりなど調整してくることは十分考えられるのであって，そんなことばかり考えている会社が本当に優れたベンチャー企業になりえるかは疑問でもあります。

　エンジェル税制の適用要件がどのくらい複雑かを理解していただくために，以下にその概要を示します。
　エンジェル税制の対象要件について（経済産業省のHPより抜粋）
　http://www.meti.go.jp/policy/newbusiness/angel/index.html

　エンジェル税制の優遇措置を受けるためには，ベンチャー企業要件と個人投資家要件を満たさなければなりません。

① 　ベンチャー企業要件
　投資した年の減税措置（優遇措置A又はB）（次頁参照）毎に要件が異なります。売却した年の減税措置は，優遇措置A・Bの要件のいずれかを満たせば適用されます。

優遇措置A

（対象企業への投資額－2,000円）を，その年の総所得金額から控除

※控除対象となる投資額の上限は，総所得金額×40%と1,000万円のいずれか低いほう

優遇措置Aの対象となる企業

Ⅰ．創業（設立）3年未満の中小企業者であること
Ⅱ．下記の要件を満たすこと

設立経過年数（事業年度）	要件
1年未満かつ最初の事業年度を未経過	研究者あるいは新事業活動従事者が2人以上かつ常勤の役員・従業員の10%以上。
1年未満かつ最初の事業年度を経過	研究者あるいは新事業活動従事者が2人以上かつ常勤の役員・従業員の10%以上で，直前期までの営業キャッシュ・フローが赤字。
1年以上～2年未満	試験研究費等（宣伝費，マーケティング費用を含む）が収入金額の3%超で直前期までの営業キャッシュ・フローが赤字。または，新事業活動従事者が2人以上かつ常勤の役員・従業員の10%以上で，直前期までの営業キャッシュ・フローが赤字。
2年以上～3年未満	試験研究費等（宣伝費，マーケティング費用を含む）が収入金額の3%超で直前期までの営業キャッシュ・フローが赤字。または，売上高成長率25%超で直前期までの営業キャッシュ・フローが赤字。

優遇措置B

対象企業への投資額全額を，その年の他の株式譲渡益から控除

※控除対象となる投資額の上限なし

優遇措置Bの対象となる企業

Ⅰ．創業（設立）10年未満の中小企業者であること
Ⅱ．下記の要件を満たすこと

設立経過年数（事業年度）	要件
1年未満	研究者あるいは新事業活動従事者が2人以上かつ常勤の役員・従業員の10%以上。
1年以上～2年未満	試験研究費等（宣伝費，マーケティング費用を含む）が収入金額の3%超。または，研究者あるいは新事業活動従事者が2人以上かつ常勤の役員・従業員の10%以上。
2年以上～5年未満	試験研究費等（宣伝費，マーケティング費用を含む）が収入金額の3%超。または，売上高成長率25%超。
5年以上～10年未満	試験研究費等（宣伝費，マーケティング費用を含む）が収入金額の5%超。

※平成22年4月1日より寄附金控除が改正され，優遇措置Aの自己負担額が5,000円から2,000円に減額されました。

Ⅲ．外部（特定の株主グループ以外）からの投資を6分の1以上取り入れている会社であること

Ⅳ．大規模法人（資本金1億円超等）及び当該大規模法人と特殊な関係（子会社等）にある法人（以下「大規模法人グループ」という）の所有に属さないこと

Ⅴ．未登録・未上場の株式会社で風俗営業等に該当する事業を行う会社でないこと

② 個人投資家要件

投資した年の減税措置（優遇措置Ａ又はＢ），売却した年の減税措置共に共通の要件です。

　Ⅵ．金銭の払込により，対象となる企業の株式を取得していること

　Ⅶ．投資先ベンチャー企業が同族会社である場合には，持株割合が大きいものから第３位までの株主グループの持株割合を順に加算し，その割合が初めて50％超になる時における株主グループに属していないこと

なお，売却した年における優遇措置とは，個人所得税の計算において，その他の株式譲渡益と通算できるという他に通算し切れなかった損については３年の繰越が認められるということで，また売却でなくとも実質的に解散などにより価値がなくなった場合も，売却して損が生じたのと同じ扱いとなります。

③ 資本提携（アライアンス）先への割当て

資本提携とは，事業上の関係の濃い会社に対して，さらに関係を強化する意味を込めて株主になってもらうことを意味します。取引関係の安定化のみならず，上場前の資金調達と上場後の安定株主対策など同時にいくつかの目的を達する方法ですが，そのような関係にあたる取引先が見当たらない場合や資金調達が必要ない場合もありますのでケースバイケースで検討すべきでしょう。また，割当量が多すぎると割当先の会社から見て関係会社に該当することになる可能性もあるので注意が必要でしょう。今回のケースでは500株を１株当たり200千円で保有してもらったとします。

④ ケーススタディのまとめ
(1) 設立時：1株5万円で400株，資本金20,000千円にて経営者一族の出資にて会社設立。
(2) 400株を12倍に分割し5,000株にします。
(3) 役員・従業員に対する割当て，役員に対しては500株を個人別に割当て，従業員持株会に対しては全体で500株を割当て，1株当たりの払込み額は10万円とします（株価の算定が必要です）。
(4) VCに対して1,500株を，取引先A社に対し500株を1株当たり20万円にて引き受けてもらうこととします（株価の算定が必要です）。
(5) 今までの合計で発行済株式総数は8,000株となり，この状態で上場を迎え2,000株を上場に際して公募増資し，500株を経営者一族の保有株から売り出すことにします。
以上のプランを資本政策表の形にまとめると次頁のようになります。

資本政策表については，その形式というより，意味しているところを経営者自らが理解し，作成することが非常に重要ということです。なお，ケーススタディでは単純化するためストックオプションなど潜在株式については取り上げませんでしたが，実際の資本政策においてはストックオプションを活用するケースが多くなっています。ストックオプションを発行すると，通常資本政策の各欄について，発行済株式，潜在株式，合計の3つの欄を作ることになりますので，表が3倍になってしまいますが，基本的な考え方を理解していれば，難しいことはありません。

第1章　株式上場についての考察

ipo論		最初の状態		スタート時1 株式分割		スタート時2 第三者割当①			スタート時株調整終了時			開示対象期間内増資 第三者割当②				公開時 公募		売出			単位：¥=000 株=0 【株式公開時の放出株数の決定】 直前株数 = 8,000 放出株数 = 2,500 公募株数 = 2,000 売出株数 = 500	公開後		株価評価額 百万円
		株数	持株比率	増加株数		増加株数	払込金額		株数	持株比率		増加株数	払込金額	株数	持株比率					株数	収支差	売出価額	持株数	持株比率	
発行株式数		400		4,600	1,000							2,000					2,000		500						
発行済株式数				5,000	6,000							8,000					10,000								
株価		50,000			100,000							200,000					400,000								
調達額（千円）				0	100,000							400,000					800,000								
調達額累計				0	100,000							500,000					1,300,000								
資本金（千円）		20,000		20,000	70,000							270,000					670,000								
資本準備金（千円）					50,000							250,000					650,000								
（株主）略称略		株数	持株比率	増加株数		増加株数	払込金額	株数	持株比率		増加株数	払込金額	株数	持株比率					株数	収支差	売出価額	持株数	持株比率	
社長		400	100.0%	4,600		0		5,000	83.3%		5,000		5,000	62.5%					-500	200,000	4,500	45.0%	1,800
社長一族		0	0.0%	0		0		0	0.0%		0		0	0.0%					0	0	0	0.0%	0
小計		400	100.0%	4,600		0		5,000	83.3%		5,000		5,000	62.5%					-500	200,000	4,500	45.0%	1,800
役員・従業員		0	0.0%	0		500	50,000	500	8.3%		500	100,000	500	6.3%					0	0	500	5.0%	200
従業員持株会		0	0.0%	0		500	50,000	500	8.3%		500	100,000	500	6.3%					0	0	500	5.0%	200
小計		0	0.0%	0		1,000	100,000	1,000	16.7%		1,000	200,000	1,000	12.5%					0	0	1,000	10.0%	400
取引先		0	0.0%	0		0		0	0.0%		500	100,000	500	6.3%					0	0	500	5.0%	200
金融機関		0	0.0%	0		0		0	0.0%		0		0	0.0%					0	0	0	0.0%	0
小計		0	0.0%	0		0		0	0.0%		500	100,000	500	6.3%					0	0	500	5.0%	200
VC		0	0.0%	0		0		0	0.0%		1,500	300,000	1,500	18.8%					0	-300,000	1,500	15.0%	600
一般株主		0	0.0%	0		0		0	0.0%		0		0	0.0%			2,000		500	2,500	25.0%	1,000		
小計		0	0.0%	0		0		0	0.0%		1,500	300,000	1,500	18.8%			2,000		500	4,000	40.0%	1,600		
合計		400	100.0%	4,600		1,000		6,000	100.0%		8,000	400,000	8,000	100.0%			2,000		0	10,000	100.0%	4,000		
税引後当期利益																	200							
EPS																	20,000							
PER																	20							
EPS×PER																	400,000							

49

(3) インセンティブプラン（従業員持株会とストックオプション）

　従業員持株会とは従業員のための福利厚生の一環として行われるもので，従業員持株会規則に則り，毎月の給料から天引きされる積立額については，機会均等則に従って入社年次と職位が同じものは同一の条件で扱われるようにしなければなりません。天引きされた積立額に対して会社は10％とかの補助金を加えることが通常行われます。積み立てられた額は上場前の第三者割当増資や上場時の公募株，上場後は市場から定期的に買い付けることとなります。未上場時に積立てをしていた従業員が退職した場合，その保有していた従業員持株会としての株は，従業員持株会が従業員持株会規則に定められた額で買い取ることになります。このことによって従業員が退社時に株を売り渡さなければならないこととなり，会社と関係がなくなった株主が未上場段階で外部に拡散していくのを防ぐことが出来ます。このような従業員持株会規則における取決めを「流出防止条項」といいます。

　一方，同じくインセンティブプランであるストックオプションは従業員持株会とどう異なるのでしょうか。まず，ストックオプションはその付与対象者を従業員に限定することはしません。したがって，役員や外部の利害関係者に対しても付与することが可能です。しかも機会均等に付与する必要はなく，入社時期や職位に関係なく能力の有る者，実績を残した者，将来的な期待度が非常に高い者などに付与することが可能です。
　次に，ストックオプションは株式の現物ではなくその権利行使価格にて株式を買い取る権利ですから，付与されるときには通常ほとんど金銭支出を必要としません。しかし，権利を行使して株式を取得する際には資金が必要となりますので，通常は権利行使による取得とほぼ同時に売却をしてキャピタルゲインを確定させることとなるでしょう。特に税制非適格なストックオプションの場合，権利行使時の株価と行使価格の差を給与所得と認定され所得税を課税され

ることになりますから，行使後保有することによって株価が下落した場合などは，実際には支払い源泉となるような資金がないにもかかわらず税金の納付だけが必要となるでしょう。したがって，自社株を保有し続けてもらうためのプランとしては最初から資金を供出してもらって現物株式を取得する従業員持株会のほうが合っていて，ストックオプションの方は所得の補完的意味合いが強いといえるでしょう。

　なお，ストックオプションについても権利を消失する事由として付与契約書に「従業員，あるいは役員としての地位を失った場合」，などという条項を設けることによって流失防止を行うことは可能です。

　さらにストックオプションは契約に基づく権利ですので，契約書の中に定めを設けることによって，例えば「株価が公募価格を下回っている場合は権利行使することが出来ない。」などとすることも可能です。もしストックオプションの行使価格が10万円で公募価格が100万円であったとして株価が50万円まで下がっているのにストックオプション保有者がまだキャピタルゲインがあるので次々に行使し売却したとすれば，公募株を取得した一般投資家は心証を害することになるでしょうからそうした事態に備えるとともに，オプションをもらった者として株価が公募価格を上回るように業績向上に向けて努力すべきという意味合いも兼ねていると捉えることも出来るでしょう。

　なお，ESOP（Employee Stock Ownership Plan）は米国の制度であり，従業員の報酬制度の一環で企業が税務上損金扱いし原則全従業員を対象として自社株を配分する制度で退職時まで引出不可とされるものです。現在まで日本には同様の制度は存在しません。日本の制度である従業員持株会をあえて英語的に訳すならESOC（Employee Stock Ownership Community）とすべきでしょう。しかしながら，従業員に対する株の配分をまとめてESOPと表すことも実務では行われているようです。

(4) ストックオプションと税制適格

　ストックオプションを付与する側としては，付与した者に対して少なくとも株式上場時までその実現に向けて協働してもらうことを期待して付与するわけですから途中で辞めた場合にはストックオプションは失効し，当然第三者に対する譲渡も禁止するというのが自然な対応となり，通常ストックオプションの付与契約にそのように織り込みます。国税庁ではこの譲渡禁止性ということに着目し，こうしたストックオプションは株式が上場され権利行使されるまでは本来譲渡可能性を最大の特徴とする有価証券とは認められず，したがって権利行使された時点での権利行使価格とその時点での株価との差額については有価証券譲渡所得ではなく付与者によって給与所得等とし，権利行使後の売却の如何を問わず課税することとしています。そして，別に定めた適格要件を満たし届出をしたストックオプションに限りこのような課税を逃れ，権利行使時点では課税されず，売却時に売却額と権利行使額の差額について有価証券譲渡課税の適用を受けることになります。

適格要件
- 年間行使額が1,200万円以下と契約書に記載されていること
- 行使期間が付与から2年経過後10年内と契約書に記載されていること
- 大口株主でないこと（未上場の場合は発行済株式の3分の1超を保有する者及びその親族等一定の特別関係者）

　上記のように大口株主に対しては税制適格の要件は適用出来ませんが，この制度の趣旨がストックオプションの場合，新株予約権といっても譲渡禁止条項が付してあり，有価証券は発行されず付与契約書のみであることから転々流通することを前提とする有価証券とはみなさないというところにありますので，大口株主に対しては譲渡禁止とせずに通常の未上場株式と同じように譲渡制限を付した形で新株予約権（ストックオプション）を発行すれば，当初から有価証券となることになります。ちなみに年間1,200万円を超えて行使した場合，行

使した額は課税対象となりますが，1回で1,500万円分行使した場合と，最初に1,200万円，次に300万円と2回に分けて行使した場合では課税関係はどうなるでしょうか？　この答えは1回で行使した場合は全額が税制非適格扱いとなり，2回に分けた上記の場合は300万円だけが税制非適格扱いとなります。十分注意してください。

*　ストックオプションを議決権が少なくなった経営者に付与する場合の留意事項
　資本政策案を見ると，経営者の持株比率がかなり低めになっているケースで，それを補う形でストックオプションをかなりの量，経営者に付与しているケースを見受けます。例えば発行済株式の25％程度を経営者が持っていて，潜在株式を発行済株式の15％程度経営者に付与したようなケースでは，付与時に33％以下なので大口株主には該当せず税制適格となる可能性はあります。この場合全ストックオプションを行使すれば，(25＋15)÷(100＋15)＝34.78％と持ち株比率が改善されることとなりますが，気をつけていただきたいのはこの15％相当を行使する際に必要な行使価額が確保可能かということです。もし行使価額が1億円必要で資金が確保できていないとすれば，株の売却益から確保する可能性が高く，その分は持ち株比率が減少することになるからです。もし上記のケースで半分を売らなければ資金が確保できないのであれば，売却後の持ち株比率は(25＋7.5)÷(100＋15)＝28.26％となり15％のストックオプションを付与しても現実的には3.2％程度しか持ち株比率を改善出来ていないことになります。

(5) ストックオプションの会計処理と本源的価値について

　ASBJの企業会計基準第8号「ストックオプション等に関する会計基準」の13において未公開会社における取扱いが記されています。
　上場会社においてはストックオプションの公正な評価額と行使価格の差を従業員等に与えた経済的利益とし，その対価としての便益を従業員等から受け取るのに応じて費用処理し，ストックオプションの権利の行使あるいは執行が確定するまで貸借対照表上純資産の部に新株予約権として計上することとされていますが，未公開会社においては公正な評価額を求めることは困難であるので公正な評価額に換えて本源的価値と読み替えて適用するとされます。
　本源的価値とはその算定時点で行使したと仮定した場合の価値であり，つま

り算定した時点での未公開会社の株式の評価額と発行するストックオプションの行使価格が同額であれば、本源的価値は0となります。

さて、以上の会計処理を踏まえて、未上場会社がストックオプションを発行する際に是非注意していただきたいことがあります。それは、次のようなケースです。

1．1年前に第三者割当で発行した株価は1,000円とします。
2．その後現在まで業績は計画通りなのですが、1株当たりの純資産価格はまだ800円なのでストックオプションの行使価格は1年前の第三者割当増資のときと同じ1株当たり1,000円としました。
3．このストックオプションを出した2ヶ月後にVCからのオファーもあり上場直前のメザニン・ファイナンスとして1株2,000円にて第三者割当てを実施することとしました。

以上のようなことは現在でも十分考えずによく行われているケースと思われます。この何が問題なのか分かるでしょうか？

　1, 2のステップまでは特に問題はないでしょう。問題なのは2のストックオプションを発行した僅か2ヶ月後にその行使価格の2倍もの価格で第三者割当増資をしたことにあります。この3の行為をしたことによって2の行使価格が時価であるということが非常に説明困難になってしまったということです。常識的に考えて1年前が1,000円、2ヶ月後が2,000円が時価であるとすれば、行使価格は1,800円辺りであった可能性が強いと考えられます。もし1,800円が妥当であったとすれば、ストックオプションの付与者は1株当たり800円の給与等の所得があったと認めなければなりません。この800円は上述の会計基準によって、行使可能となる期日までの会計期間で按分して給与等の費用に計上されることとなります。

　したがって、このストックオプションは税制適格の要件は満たさないことと

なりますし，源泉税の納付などの問題も発生することとなります。このようなケースに該当することとならないか，第三者割当に応じるVC等の方も含めて十分にご注意ください。本件のようなケースを回避する方法としては，2の行使価格を1,800円程度と考えられる時価を算定して決める。あるいは3の増資を2の付与から1年程度空ける，などいろいろ考えられると思います。

(6) ストックオプションの公正価値とブラック・ショールズ・モデル等について

　ストックオプションの公正価値とは，ストックオプションの市場取引において一定の能力を有する独立の第三者間で自発的に形成すると考えられる合理的な価格を意味し，その計算式には連続時間型モデルであるブラックショールズ（B&S）や離散時間型モデルである二項モデルがあるということが，前述の企業会計基準第8号に書かれています。ストックオプションはコールオプションであるためB&Sで計算可能であるが，満期行使ではなく随時行使可能なアメリカンタイプなので二項モデルでの計算が公正価値の計算には合理的とされます。公正価値の計算は次の6つの要素で行われます。①現在の株価，②行使価格，③行使までの見積り期間，④株価変動率（ボラティリティー），⑤見積り配当率，⑥金利（割引率）。

　ストックオプションの価値（公正価値）とは，分かりやすくいえば，今相場で50万円する株を，50万円で買える権利はいくらかということを考えると分かりやすいでしょう。相場が50万円以上になったとき，例えば60万円になったときに行使してすぐに売却すれば，値上がり分の10万円だけ得をすることになります。権利を取得してから相場は下がりっぱなしで行使期間を経過したとしても，権利を行使しないだけのことですから損することはありません。

　この権利の額は，行使できる期間が1ヶ月以内の場合と2年以内という場合では当然長いほうが，価値があるし，対象となる株の今までの価格変動幅（ボ

ラティリティー）が大きいほど価値が有るということが直感的に理解できるでしょう。

なお，ストックオプションに行使するための条件を付した場合，その内容が厳しいものであるほど公正価値は低く計算されることになります。行使条件の例としては「行使可能期間は発行時より1年以内であり，発行時の株価より50％以上上昇しなければ行使できないものとする。」などが考えられます。

(7) 株価の計算方法について

株価というのはその会社の価値を示すものですが，未上場株の評価方法についてはその対象となる株の量が企業支配権に関係するくらいの量なのか，それともそれには及ばない僅かな量なのかでまず異なります。企業支配に関係する株式の量は全体の3分の1を超えたところから始まり，それ以外の僅かな株はそれだけでは泡沫株と称されます。泡沫株について企業支配権に関連しないので配当請求権を基に株価を計算する配当還元価値が基本的な株価の評価法となり，相続税法による評価においても同族株主以外については配当還元価値による評価が認められています。

一方，企業支配に関係する量の株についての評価については，過去からの企業財産の蓄積を示す純資産を基に評価する方法，最近の実際の業績を基に評価する方法，将来に期待される業績を基に評価する方法，というように3つの時間軸によって評価法が分けられています。

純資産を用いて評価する方法には清算価値を前提とする時価純資産法と継続企業価値を前提とする簿価純資産法がありますが，相続税法による純資産法は時価純資産法による評価から含み益にかかる税金部分を控除するなど特有の調整を図った時価純資産法の変形です。

次に最近の実績を基に評価する方法としては，類似業種比準法，類似会社比準法があります。相続税法の類似業種比準法の比準するものは純資産と利益と配当の3要素あり，上場時の公募価格算定の基礎に使われる類似会社比準法で

は配当は使われなくなっています。相続税法上の評価額については歴史があって過去に業績のよい時代があってそのときにかなり利益の留保を行ったために純資産が膨らんでいるが最近の業績はいまひとつという会社は，純資産法の評価額より類似業種比準法が低くなり，逆に社歴はさほどないが業績は非常に良好であるような場合は純資産法の評価は低いが類似業種比準法による評価は高くなります。つまり上場準備会社においては，常識的には類似業種比準法のほうが高くなることになります。

最後に事業計画などに基づく将来価値から株価を算定する方法がDCF（ディスカウント・キャッシュ・フロー）法といわれ，将来性が非常に有望であるベンチャー企業の評価やM&Aに際する株価の評価に多く用いられています。過去における蓄積はなく，現時点においての業績についてもいまだ低迷しているが，その将来性については素晴らしい，というような会社はこの評価方法でなければほとんど無価値と看做されてしまうことになります。

ディスカウント・キャッシュ・フロー（DCF）法

DCF法による株価評価は，株式の評価をその企業が将来生み出すフリーキャッシュフローの総合計の現在価値として計算するものです。DCF法で株価を計算するためには，対象となる会社の将来キャッシュフローの予測が不可欠であり，そのためには正確な中期事業計画の算定が必要となります。事業計画の期間は通常3年から5年ですが，正確に予測可能であれば期間は長いほどDCF法の計算にとってはよいことになります。しかし，現実には10年先を正確に予測できる会社は少ないので，5年程度で計算する事例が多いといえます。ただし，予測最終事業年度のフリーキャッシュフローを現在価値に割り返したターミナルバリューの部分が評価額に占める割合が多い場合には計算結果について，一般的には説得力を持つことが難しいといわれています。通常予測最終事業年度に向けて事業拡大と利益拡大が見込める場合には，ターミナルバリューの評価額全体に占める割合は半分以上となります。一方で予測最終事業年度のフリーキャッシュフローがマイナスとなった場合はその影響で株価がマ

イナスになってしまう現象が起こったりもします。

(8) 上場審査と株価の算定書

　株式の上場審査においては，有価証券届出書の開示対象期間である上場申請直前期末から遡って5事業年度（決算期変更をしている場合は5年以上にわたる事業年度）内に株価を算定すべき事由（第三者割当増資，ストックオプションの発行，株式の譲渡など）が生じた場合には，その取引された株価の客観的根拠を会社側から幹事証券会社に対し示すことが必要となります。

　この際，簿価純資産法などの余程シンプルな方法であれば，社内で算定書を作成して示すことも認められるでしょうが，時価を用いた方法やDCF法などによる場合は価格算定の客観性を保つ観点から第三者による算定書を用意することが求められますので，事前に注意が必要です。

　第三者割当増資の株価が，その株式の時価から考えて著しく低い価格で行われた場合は，有利発行として株主総会の特別決議が必要であり，これを通常の発行として取締役会決議で行った場合は，発行自体が無効になるおそれがあります。この訴えは株主代表訴訟の時効にかかる期間まで可能なため株式上場後であっても7年を経過していなければ訴えられる可能性があることになります。こうしたことがあるので，幹事証券の審査部は株価の妥当性を確認するために算定書の提出を求めることになるのです。

　なお，株価の鑑定書，評価書，算定書の違いに関しては，結果の厳格性の違いと考えてよいと思います。現在の実務では鑑定書は裁判などに際して必要な場合以外作成されることはないでしょう。上場関係の実務では従来評価書を作成していましたが，作成者側の主観や責任を軽減する意味合いで現在では算定書として作成されることが多いといえるでしょう。

第1章　株式上場についての考察

① 上場前後の3種類の株価とは

　株式上場直前に上場申請会社（発行体）あるいは株主から引受証券会社に流動化させる株を引き受けてもらうわけですが，このときの価格を引受価格といいます。そして引受証券会社はそれに7％程度の手数料を上乗せして投資家に対し公募価格を提示し購入の募集をします。そしてこのようにして事前に株主が作られた後に新規上場日となり，売り気配と買い気配が重なったところで上場初日の株価が決まります。この株価を初値といいます。つまり，引受価格，公募価格，初値の3種類の株価が上場前後に存在するわけです。そして公募価格と初値の乖離率のことを初値騰落率といい，証券界では重要な指標として利用されています。特に初値が公募価格を割ってしまった場合は，「公募割れ」といい，これの意味することは最初にその会社の株主になってもらった人がいきなり損をしてしまうことで，そもそも幹事証券による最初の値付けが甘かったのではないかと疑われることになるわけです。一方で初値騰落率が100％（公募価格の2倍）など，著しく上がった場合には引受証券会社は値付けが厳しすぎなかったか発行体から批判を受けたりすることになります。実際のところ日本の証券会社では概ね初値騰落率が高くなったほうがよいと考えていて，それは投資家が潤うことによって証券市場の活性化につながると考えているということでしょう。このことは証券業界で年間の新規上場会社については初値が公募価格を上回った割合を勝ち率，下回った割合を負け率と称してデータを集計していることからも分かります。

　2000年から2005年にかけて初値騰落率は総平均で見て上昇を続けました。中でも2004年の平均値は100％であり，2005年は134％となり，つまり新規上場株を公募価格で入手すれば平均でも2倍以上になるというすごいことになっていたのでした。この2年間における公募割れ銘柄は5％程度つまりほとんどの銘柄が買えれば得をするという状況だったわけです。このブームは2006年まで続き，2007年以降徐々に冷え始め2008年には22％と2000年の18％に近い水準まで下落しています。さらにいえば，2008年は公募割れが50％を超えていて，新規公開株を買っても儲からないことのほうが多い結果となっています。

最近の公開価格対初値の状況

	JQ	マザーズ	ヘラクレス
2008	3.2%	60.2%	24.2%
2009	34.2%	62.8%	−
2010	15.3%	73.0%	−
2011	−5.9%	74.1%	−

上記の数値は各市場ごとの単純平均値を示したものです。発行価格を1とした場合の上昇率です。

近時は銘柄による初値騰落の格差が広がる傾向にあるといわれています。

したがって，上記の平均値に関する情報は現実的には個別銘柄による格差が大きいのであまり参考にはならないかもしれません。

なお，発行体側が引受価格を上げるように極端な圧力を欠け，引受証券会社がそれに屈して理論価格を著しく上回る株価で引き受けたという理由で2007年3月にエイチエス証券が金融庁より処分を受けています。これは業界では有名な事件ですが，処分を受けた証券会社より圧力を加えた当事者の会社が非難されるべきで，本来上場資格などない会社ということがいえるでしょう。この会社は当然上場後すぐに株価は下落し，投資家にも大きな損失を与えることとなりました。

発行体としても昨今のような株式市場の状況では引受証券会社から提示される株価を知って愕然とすることはあるでしょう。もちろん引受証券会社も最初から提示した価格で限界ということは無い可能性が高いですから，交渉の余地は残されているでしょうが，社会通念から考えて限度を超えたことをすれば，エイチエス証券のようなことになってしまうでしょう。上場時の株価が全てではありません。株式が上場していればその間は，株価は付き続けるわけですから，上場時の株価などは一過性のものに過ぎないわけで，実力のある会社であれば，いずれはそれが認められた株価が形成されるはずで，むしろ最初から過大評価されてしまうほうが，リスクが高いと考えるべきでしょう。

第1章　株式上場についての考察

　上場してからの株価がどのように形成されるかについては，やはり将来価値的な要素が一番強く反映されるものと考えられます。したがって，上場して資本市場からの資金調達を重視する会社は将来評価が高い会社が好ましく，逆に一般的に優良会社といわれる過去の蓄積が十分にあって経営が安定しているような会社は上場しても思ったほどの高い株価にはならないという可能性が高いでしょう。

　もっとも，高い伸び率ではないにしろ株式上場後10年とかの長期にわたり安定的に増収増益を繰り返してきたような会社は，徐々に評価を上げ高い株価を維持できるようになる可能性が高いといえるでしょう。

　かつて日本に新興市場が出来る前，日本の会社にも直接アメリカのNASDAQなどに上場を勧誘する動きがありました。そのときにいわれていたのはアメリカの金融マーケットは将来性のある会社については世界で最も高いバリュエーション（評価）をつけることができるということ，外資系のアンダーライター（引受幹事証券会社）はIPOプロジェクトのキックオフミーティングで我々の責任は如何にバリュエーションを上げること，にあると明言していました。このことは基本的には今も変わらないのでしょう。このことはアメリカではIPO時に放出する株の割合が日本よりも通常相当多いことにより（本当の意味でgo publicなのです），アメリカのアンダーライターは株価をそれなりに抑制して馴染みの顧客に公募株を持っていくような日本的な商売手法ではなく，単純に発行体とアンダーライターの取り分が多くなるように，株価の高くなるIPOストーリーを仕組み公募手数料をしっかり稼ぐことを「よい仕事」としているように見受けられます。したがって，上場申請会社のビジネスリスクを評価するのはアンダーライターではなくローファームの仕事というように役割分担しているのでしょう。

　こうした傾向は，日本での事例としても外資が大株主で，上場時にそのかなりの持分を売出しするようなケースでは株価の設定が高すぎて，公募割れを起こしている事例が多いことなどからも推測できるでしょう。

61

現実にアメリカの金融マーケットが企業価値を最も高く評価するかどうかに関してはケースバイケースでしょうが，経済活動において全くアメリカ市場と関わらない会社であればアナリストも適切な評価を行うことが出来るとは考えられず，むしろカントリーリスクに関するディスカウントが行われると見るのが正しいでしょう。
　また，IPO時に目いっぱいアクセルを踏んでもらって評価額を高くすることは，もしその評価が実際の実力を上回っていたとしたら後で破綻をきたすことになりかねないので決して喜んではいられないのです。
　ここで発行体という言葉を使いましたが，これは主幹事証券会社が上場申請会社に対して使う別称で，彼らアンダーライターが引き受ける株式を発行する会社の意味で使われます。
　なお，アメリカでは，引受主幹事証券会社（アンダーライター）が日本のように審査をするということは行われておらず，法律事務所が企業内容精査（デューデリジェンス）を行い株式上場するに際してのリスク情報を記載し，それが新規上場に伴う発行株式の目論見書（プロスペクタス）のほぼ半分にもわたる量となるというのが行われています。また上場後の開示規制に関しても，日本のように取引所や金融庁（財務局）から行われるというのではなくSEC（証券取引等監視委員会）によって厳しく監督が行われています。

(9)　株式上場と相続対策

　株式が上場されれば一般的には株価は，それ以前の評価額よりも高い時価が相続税法上，適用となります。証券市場が正常に機能しないような状態では，証券市場における会社の評価額（時価総額）は相続税法上の評価額を下回ることもありえますが，そのような事態は例外的であって，そうした例外的な事態を前提として相続税対策として使えるというのはアイロニーとしては面白いですが現実的ではありません。株式上場によって株価は相続税評価額より上がるのは当たり前であって，このことをもって考えれば株式上場がなぜ相続対策に

なるのか，逆ではないかと思われるかもしれません。それでは，なぜ株式上場が相続対策となるのでしょうか。

同族株主間で株式を相続あるいは譲渡，贈与する場合において税額計算上用いられる株価は，上場前において相続税法上の評価額が基本ですが，上場後は市場での時価が基本となります。一般的には事業承継対策を考えなければならないような会社は純資産法による評価額が高く類似業種比準法による評価額が低いでしょうから，上場前において類似業種比準法による評価額が低い時期において次世代に譲渡あるいは増資やオプションなどを発行して持ち株比率を下げることをします。ここまでが第1フェーズです。そして株式が上場することによって株式が少量換金性を持つことになり，相続が発生する前に前世代が換金，あるいは相続の発生により次世代が換金して納税資金の確保をする。これが第2フェーズです。

① 未上場株式の相続対策
　phase 1　生前贈与や株価の安いときに売却などによって次世代に株を移転
　phase 2　次世代が上場により株の少量換金性を確保し納税資金を確保する

相続対策の本を読まれると分かると思いますが，その対策の多くは評価の引下げではなく，納税資金の確保ということにあります。株式が少量換金性を持つということは，会社の支配権の移転なくして換金が可能ということを意味します。上場予定のない会社の泡沫株（株主権の行使がほとんど出来ない少量の株）などは特別のケースを除きほとんど配当請求権だけの無価値に等しいものであるから相続のときには主な相続財産が株しかない場合には，支配権に影響がある株の売却をするしか納税資金の確保が出来ないことになってしまいます。したがって，相続税の納付のためには会社の売却が必要となってしまいます。会社を売却せずに相続資金を得る方法として臨時に多額の配当を行い，その配当

63

金で納税するという考えもありますが、この場合は例えば含み益のある不動産の売却が必要となり、会社は売らなくとも会社の主要財産を売却することになってしまいます。しかも配当を得るためには、会社は法人税を負担し、配当を受けた側は所得税を負担することが必要になりほんの僅かしか残らない中から相続税の納税資金を確保することが必要になってしまいます。

さらにここまでの話は、ご存知の方も多いと思われますがさらに現実的には、未上場でありながら会社が大きくなると創業家の世襲には問題が生じてきます。つまり1つのパターンは創業家の中での世襲争いが生じる可能性があるということ。これは持株比率の差が少ないとさらに生じやすくなります。パターン2は会社を大きくしていくためには優秀な人材を登用しておく必要があるので未上場でありながら所有と経営が分離してくるケースがあります。普通に考えて誰が考えても上場していておかしくないような規模の会社であればほとんどのケースでパターン1か2の問題が生じていると考えられます。そしてこれらのほとんどのケースを解決することが出来るのが株式上場ということになります。つまり相続対策というより厳密にいえば相続紛争対策ということになります。泡沫株の換金性確保が出来るようにするということは世の中の揉め事の99％は金で解決できるということにつながるということです。

実際のところ、この紛争に第三者が関わる可能性は少ないですが、多くの場合それは大変醜いものであり、当事者の心労は大変なものといえます。

未上場で会社が大きくなった場合に発生する問題

パターン1　　創業家には事業を維持するだけの経営者が不在
パターン2　　会社以外に大きな相続財産がない＝株の分割譲渡が避けられない

未上場株は、株式の少量換金性がないために、経営権を巡って争いが生じやすい。

ここで，事業承継あるいは相続対策に関する一般的な留意事項を挙げておきます。

1．現在の税制を前提として行われるのですが，実際の税制は毎年変わっていきますから，手間をかけて相続対策をしても将来的に税制改正で無意味になってしまう可能性があるということ。これは持ち株会社を利用した株の評価切下げ対策などがそうでした。

　平成21年の中小企業の事業承継税制の改正で非上場株式にかかる相続税について80％の納税猶予が行われるようになったことも画期的な改正といえるでしょう（中小企業庁のHPなどを参照）。

2．不動産の購入を利用した対策などでは相続税対策のつもりが実損となり，本当の相続財産が無くなってしまったので税金がかからなくなったというような話もあります。そのあたりのリスクを十分踏まえて対応する必要があります。

⑽　その他の資本政策策定上の留意事項

・株主の中に反社会，反市場勢力の者，団体がいると上場申請が受け付けられない

　この場合，上場申請をした市場の審査部門等からは不受理の理由は教えてもらえないので当然誰が問題なのかは知らされません。したがって，再度申請するためにはその問題を解決しなければならないので，誰が問題となったのかを推測し，関係を断たなければなりません。通常，関係を断つと共に今後そのような関係が発生しないような社内制度を整備した上で，6ヶ月程度の経過観察を経て再申請が可能と判断されています。

・上場前に金融商品取引に規定する公募に当たる増資を行わないこと

　50名以上の者から1億円以上の増資を受けるには事前に有価証券届出書を提出することが必要であり，有価証券届出書には監査証明が2期間分必要と

いうことを考えると，よほどの場合でない限りこのような増資は行うべきではないでしょう。

有価証券届出書の提出義務について

有価証券届出書（有価証券通知書）の提出義務は，金額及び募集（売出し）の勧誘等人数により，原則として次の表のとおり規定されています。

人　　数	１億円以上の募集・売出し	１千万円超１億円未満の募集・売出し
50名以上に勧誘	有価証券届出書	有価証券通知書

- 法第２条第２項各号に掲げる権利（みなし有価証券）について，有価証券届出書が必要な場合の人数基準は，取得勧誘又は売付け勧誘等に応じることにより，当該みなし有価証券を500名以上の者が所有することとなる場合です。
- 50名未満の勧誘であっても６ヶ月間の通算により50名以上となる場合や，１億円未満の募集・売出しであっても１年間の通算により１億円以上となる場合等は，有価証券届出書の提出が必要となります。

【財務局HPより】

- **上場申請の直前々期の期首から申請までの２年数ヶ月間は，株式の移動に関しては情報が開示される**

　移動の一方が特別利害関係者の場合，申請書類の中でその概要が開示されることになります。したがって，その移動が根拠のある公正な取引であることを立証できなければなりません。このことを含めて，未上場段階での株価の逆行（株価が上場に至るまで徐々に右肩上がりに上昇していくことが普通であるのに対して，いったん下がることを逆行という）については，慎重な対応が必要でしょう。

第1章　株式上場についての考察

　また，上場申請の日から上場日の前日までのいわゆる禁止期間においていかなる株主であっても株の譲渡を行ってはならないわけですが，相続や自己破産などの特別の場合には許容される場合もあります。しかしながら，禁止期間内での株の移動については発生しないように十分モニターしておく必要があります。

・株主の権利
　増資を繰り返し，資金調達が出来たとしても，そのことは持ち株比率の減少とセットとなりますので，創業者等としてはそのことを考えながら資本政策は進めなければなりません。その意味での持ち株比率の区切りとして3分の2以上，2分の1以上，3分の1以上の3区分で考えておく必要があるでしょう。現在の会社法で認められている権利の概要は，以下のとおりです。

・　3分の2以上の議決権で行使できる権利
　　定款変更，減資，合併，解散，営業の全部の譲渡・譲受，重要な営業の譲渡，取締役，監査役の解任，新株の有利発行，事後設立等
・　2分の1以上の議決権で行使できる権利
　　取締役の選任，会計監査人の選任・解任，役員報酬の決定
　　3分の1以上の議決権については，3分の1以上持っているということは，3分の2以上持っている相手方が存在しないことを意味しますので，3分の2以上の議決権で行使できる権利に関しては否決権があることとなります。

3．ビジネスモデルと事業計画

(1) 上場できるビジネスモデルかどうか見極める

　例えば現在の売上高が100億円あって経常利益は1億だとします。この場合に売上を2倍の200億円にすることが相当難しい上にその場合の利益も1％つまり2億円程度しか稼ぎ出せないとしたら今のビジネスをそのまま継続していても上場することは難しいといわざるを得ません。また，売上30億円で経常利益が3億円あってもすでに日本国内のシェアを80％とっていてマーケット自体の成長も見込めないような場合はやはり上場することは難しいでしょう。

　もちろん利益率が低いビジネスやマーケットが非常に小さいビジネスが株式上場に向かないということとその会社の存在意義とは関係なく，会社が存在するための事業費を回収するだけの収入を得続けることが出来るのであればその会社は社会には必要とされているといえますから無理に上場しようとか考えないことが幸せといえます。

　上場直前期で求められる利益水準については一概にどの程度必要とはいえませんが，むしろ上場後3～5年内に経常利益で10億円くらいを確保出来るような事業計画の策定が可能であることは株式上場してよかったといえるようになるためには是非とも必要と考えます。

　その理由は経常利益で10億円を達成するということは，税引後利益をその半分とすればPER 20倍を前提とすると時価総額100億円となりますが，時価発行増資をするにしてもキャピタルゲインを得るにしてもメリットを感じられるのはその程度の水準が必要と通常は考えられるからです。

　したがって，上場前の段階で，どのように夢を描いてみたとしても上場後2～3年以内では経常利益は2～3億円程度にしかならないというのであれば，

事業計画の前提としての事業拡大の方向とかスピードとかに関して検討し直してみるべきでしょう。もちろんその程度の利益では上場すべきではないと断言するものではありませんが，時価総額20億円程度では流動性も低く，資金調達においても換金性においても上場した恩恵は限定的となってしまう可能性を理解しておく必要があるでしょう。

また，そのビジネス自体が経営努力によって一定の業績を維持できるような事業なのか，対外的な要因によって業績が大きく左右されてしまうような事業なのかも重要です。対外的な要因が大きく業績を左右するような場合，上場後に環境が悪化した場合，上場したがゆえに経営責任を問われてしまうことになりかねません。

もし，経営者が上場を目指したいというのであれば，上記のような諸観点から自社のビジネスを十分チェックし，事業戦略に関しては上場時までではなく上場の3～5年後も見通して考えておくことが重要です。それによって自社のビジネスを拡大していっても上場企業には適さない，あるいは無理があるという結論に至ったら，上場計画を取りやめるか，あるいはビジネス自体を株式上場に適するように変革していくことを考えるべきでしょう。

無理な上場計画は経営者のみならず会社の幹部やその他の多くの利害関係者にとって不幸の種となります。もし上場申請の前の段階を何年も繰り返すようであれば，本来の事業目的に向けての努力以外に多くのエネルギーを消費することとなりますし，仮に上場出来た場合には，上場後に業績が低迷することによる経営責任の問題や可能性が少ないにもかかわらず投資家の業績向上期待に対するストレスを常に感じ続けねばならないという不幸が続くことになります。世の中の多くの人が経営者にとって株式上場の達成のみをもって成功と考えると思われますが実際にはそれは，役者に置き換えてみれば単にデビューしたに過ぎないのです。取り柄のない役者が運よくデビューできたとしてもその後大きな仕事をもらえることもなく，名声を得ることは出来ず決して幸せな道を歩

むことはないであろうことと同様に上場に向かない会社が無理に上場をしても決してよいことはなくむしろ多くの苦労を背負い込むことになると考えたほうがよいでしょう。株式上場時には一時的に名声を得てヒーロー的な扱いを受けることになるため，その後の業績不振による世間の反動的な対応は株価の問題も含めて相当厳しいものと覚悟をしておかなければなりません。

　しかも，株式上場時には将来の業績予測について自信の有無にかかわらず右肩上がりの計画を示さなければなりませんから，無理に数字を作った会社の多くは株式上場後に業績の下方修正(注)をせざるを得なくなります。株式上場後に来る最初の決算で業績下方修正をするということは，いってみれば上場審査に当たって嘘をついてパスをしたと考えられても仕方がないでしょう。このような会社は上場直後から投資家の信頼を大きく失うことになってしまい将来的な株価形成上非常に幸先が悪いといわざるを得ないでしょう。このように，株式上場直後の期において業績の下方修正をする会社というのは，かつては非常に稀であって，年間に数案件（100社以上の新規上場会社の中で2件とか）であったものが，最近ではあまりに多くなりました。

　　（注）　上場後，四半期ごとの決算短信等で業績予測の開示が求められますが，予測値として公表した数値が売上で10％，利益で30％を超える増減が確実となった場合には，速やかにその情報を適時開示しなければなりません。

　このように株式上場直後に業績下方修正をする会社など最近では株式上場後に業績の維持，向上が難しくなり上場したメリットを得られるどころか，かえって厳しい状況に追い込まれる会社が非常に増えています。この数値的な割合は定かではなく論者によって考えは異なるでしょうが，私の見方は，最近の株式上場事例では上場してよかったといえる会社（上場後に株価も安定的に上昇しセカンドファイナンスを実施あるいは実施可能な状況にある会社）が3分の1，泣かず飛ばずの会社（株価は上常時の水準をほぼ維持しているが，伸びはなくセカンドファイナンスは難しい状態）が3分の1，結果から見て上場しなかったほうがよかったと思われる会社（上場時を頂点として業績も株価も右肩下がりにある会社）が3分の1くらい，非常に大まかな見方ではありますが分布しているものと考え

ています。
　株式上場を果たしても，経営者を含む利害関係者が全て幸せになるためにはこの最初の3分の1のグループに入っていなければなりません。このことがあるために，最初の段階で株式上場できるビジネスモデルなのかどうかを十分に吟味し見極めておくことが重要なのです。

　東証の本則市場向けに定められた「上場審査に関するガイドライン」によると，企業の継続性と収益性についての審査におけるガイドラインとして以下のような記載があります。これは上場できるビジネスモデルか否かの判断基準ともなりますので，その意味でも内容を十分理解しておく必要があります。

―――― 東証審査基準 ――――

1．企業の継続性及び収益性
　継続的に事業を営み，かつ，経営成績の見通しが良好なものであること
　(1)　利益計画及び収支計画に合理性があること
　(2)　今後の損益及び収支の見通しが良好なものであること
　(3)　経営活動が以下のaからcに掲げる事項その他の事項から，安定かつ継続的に遂行する状況にあること
　　a．仕入れ，生産，販売その他経営活動が，取引先との取引実績，製商品の需要動向等に照らして，安定的かつ継続的に遂行することができる状況にあること
　　b．設備投資及び事業投資等の投資活動や資金調達の財務活動が，経営活動の継続性に支障を来す状況にないこと
　　c．企業グループの主要な事業活動の前提となる事項について，その継続性に支障を来す要因が発生している状況が見られないこと

上記の具体的な内容を吟味すると，(1)については利益計画と収支計画の間に計算上の合理性があること，さらには，会社側からの説明や提出資料間の整合性があり，業界等に関する外部から得られるデータ等から考慮しても合理的に計画が立てられていると判断できるという意味になるでしょう。次に(3)を見ますと，事業の安定的な遂行に関して疑念をもたらすような状況になくその兆候も認められないということを意味しています。最後に(2)ですが，今後の損益及び収支の見通しが良好であること，とのことですが，良好という意味合いは絶対値で考えればよいのか，成長性まで要求されている意味なのかは判然としません。しかしながら，上記ガイドラインの趣旨から考えて東証の本則市場で求められている企業像としては次のようになるでしょう。

　「事業計画を合理的かつ整合的に作成する能力があり，業績水準は当面の見通しも含めて良好な水準を維持するものと認められ，業績を維持するための不安材料についても当面及び将来についても特に見当たるものは無い。」

　つまり東証の本則市場においては，事業や利益の成長性といったことは特に明確に求めているわけではないということです。この点，マザーズが事業の新規性と成長性を特に審査上のポイントとしていることと比べ顕著な差になっているといえるでしょう。マザーズにおいては成長性について求める数値的なものは明確ではありませんが，エマージング・グロース（顕著な成長性）を市場の特性としていることから売上や経常利益などの指標において年率で30％程度の成長が望まれると一部の証券会社などを中心に言われていましたのでそのあたりは実質的に基準に近いものになっていると考えておくべきでしょう。もっとも世の中全体の景気が後退してくる局面にあっては，成長性に対する期待値もある程度緩和されてくると考えてもよいかもしれません。

(2) 事業計画の作成

　事業計画の作成という場合，その会社のビジネスは始まったばかりでこれから発展させるための青写真としての事業計画なのか，すでに事業内容は安定し

てきておりマーケットシェアなどを語れるレベルになってきている会社の作成すべき事業計画なのかによって作成するもののイメージは当然相当変わってくるわけです。

　また事業計画の作成目的が，①事業を開始する段階での資金調達の目的なのか，②上場に向けて事業を拡大するための必要資金調達のための事業計画なのか，③資金調達は目的とせず上場の可否や上場に向けた資本政策等を立案する目的で作成するものなのか，④上場直前に申請書類の作成や上場審査に際して提出する目的で作成するものなのか，などによっても事業計画のコンテンツは当然変わってきます。

　事業計画は一般的に3年を1クールとして作成し損益計算書，資金計画，貸借対照表を含むものとします。自社の製品サービスの長所・欠点を客観的に分析しマーケットの推移予測とともに売上予測をし，それに基づいて原価，販売管理費の予測を立てます。このそれぞれの数値をどのような根拠で算定したのかを事業計画書には文書で書き込みます。この根拠を記した文書や数値の内容から判断して，この事業計画は達成可能な現実的なものか否かを，その評価をするVCや証券会社の担当者が判断することになります。

　上記の①や②に相当する場合の事業計画では，ビジネスモデルやそれにかかわる技術などの説明，既存のマーケットの質的，量的説明とマーケティング戦略などについての説明，マネジメントチームその他の利害関係者についての経験値の説明，などのビジネスが成功するか否かに関する判断を行うためのドキュメントが中心となり，損益予測や資金繰予測などの数値的計画はそれらのドキュメントを踏まえて数値に置き換えて作成したものというような形となります。

　こうした事業計画はベンチャーキャピタルなどに創業時の資金を提供してもらうために作成したりするものですが，今までの新規上場にあっても一部のバイオベンチャーなどはこのような事業計画を作成して投資家に開示した上で上場を果たしていました。

このような方法で作成した事業計画は非常に夢のある内容になっていることが多いのですが，現実的にそれを達成できるかというと難しいことが多いといえるでしょう。マザーズのマーケットで初期に上場を果たしたバイオベンチャーの大半はこうした事業計画に基づいて上場したため，上場後数値的な事業計画を達成できたところはほとんどありませんでした。しかしながら，上場当初はその夢のある事業計画が支持されて極めて高い時価総額を形成しました。

　さて，このバイオベンチャーの問題をどのように考えるかが今後の新興市場についての重要な判断材料となっているのです。つまり，今までの新規上場の考え方は基本的に上場審査において今後の事業計画の達成可能性を十分に見極め，上場後すぐに事業計画を修正しなければならないような事態が生じた場合は主幹事証券審査部や証券取引所の審査部による審査が厳格に行われたのかどうか，場合によっては金融庁などから調査が行われるようなこともありえたわけです。つまり株式上場後の事業計画の達成可能性について十分に審査を行い，それを保証するような役割を審査する側に負わせるということであれば，今までの事業経験におけるトラックレコードを持たないバイオベンチャーのような新規性の高い事業者はそもそも株式上場には向かないというように結論付けなくてはならないということです。

　もし新規性の高い事業者に対しても上場を認めていこうということであれば，やはり現在の会社が主体的に公表する売上高や利益の見込み数値の開示を止めるべきでしょう。

　日本の投資家にとって現在の業績見込みを決算短信において開示する仕組みは，現実として重要な投資判断材料となっていると考えられます。これは発表後において売上で10％，利益で30％の増減が見込まれると判断された時点で速やかに修正の発表をしなければならないことによっても信頼性が裏付けられているはずのデータといえるでしょう。これらの会社が主体的に業績見込みを発表できるのは上場している全ての会社にその数値に対して責任を持てるだけの裏付けが求められていることを意味します。そしてその体制を維持すべきとい

第1章 株式上場についての考察

うのであれば，本来予測数値を，責任を持って正確に計算することが出来ないと分かっているような会社を上場させてはいけないでしょう。当初バイオベンチャーの時価総額が極めて高くなった原因としては，このように自社の将来業績に関して責任を持った会社の集団の中に，それが出来ない人たちが混ざって，投資家たちがその区別が出来ずに間違って高い評価を下してしまったということがあったと思います。

上場したバイオベンチャーの中には当初の事業計画を修正発表してそれも，いくらからいくらの幅の中に入る予定であると示しておきながら最終的にはその中にも入らずに赤字決算となった事例などもあり，このケースなどでは投資家の方はお気の毒ではありますが，もともと出来ないことを強要されているようで会社も気の毒に思えたものです。まだ事業の成果が出ない段階でのバイオベンチャーであれば数値的な事業成果より，実態面での成果のほうが重要といえるかも知れません（ジャスダックネオでは，この点に配慮し技術評価アドバイザリースタッフの設置とマイルストーン開示というのをはじめましたが，その後JASDAQの一本化に際して廃止されました）。

そもそも現在の新規上場会社に来期の業績を正確に計算する能力などはないか，そもそも事業内容から判断して1年先の正確な予測は困難なのであって，現状の制度はそもそもないものねだりになっているということを，市場関係者はしっかりと踏まえて今後の制度改革をすべきでしょう。また，業績予測の開示というのは，正確に計算するのが困難な大多数の上場会社にとって，合法的な風説の流布であるという見方も出来るでしょう。もし，当期の業績が経常利益10億円の会社が来期の予測を立てたときに，悲観的に考えれば8億円くらい，最も楽観的に考えれば20億円くらいとなり，この2つの数字はどちらも根拠がないわけではなく現実にそうなる可能性もありえるということは普通にあるのです。このような事態で慎重な経営者は13億円とか15億円くらいの数字を示しておくと思われますが，20億円という数字を開示したとしても少なくとも監査人としては止める根拠はないわけです。しかもその業績予測を開示してある程度の期間をおいた後に株の売却を行うことも十分あり得るのです。

情報開示のインフラがほぼアメリカと同等となった日本において，アメリカでも行われていない会社が主体的に開示する業績見込みは継続するべきでしょうか。会社はアナリストやファンドマネージャーに対して説明を行い彼らがその内容を判断した上で会社の業績予測を公表するというアメリカスタイルであれば，経営者は数値をどうしても守らなければならないという責任感から開放されるでしょう。そもそも日本では四半期の開示を行っていないので業績見込みの数値を会社に出させてきたという経緯もあり，現在のように四半期の開示が義務付けられた以上，投資家は会社が開示している不確定な将来の数値ではなく，直近の足元の業績をよく見て投資判断すべきであり，かえってそのような数値を，しかも会社が主体的に開示するというのは，粉飾を誘発する要因にもなると考えられるのです。ここまで説明すると，業績の見込み開示を止めるべきということに賛同してもらえるのではないでしょうか。

　しかも会社に対して確約的な将来予測数値の公表を求めないということであれば，今後もバイオベンチャーのような正確な事業計画の作成は難しいが，実質的に事業の将来性には大きな希望が持てるような会社に対して新興市場の扉を開き，事業資金調達の可能性を残すことが出来るのです。このことは将来，技術立国を目指すべき日本において非常に重要なことなのではないでしょうか。残念ながら現在の状況は，JASDAQにNEOというマーケットが出来たことを踏まえても扉はほとんど閉じている状況といえるでしょう。

　ちなみにプロ向け市場としての東京AIM（東京PROマーケット）については，従来の既設市場が投資大衆全般を対象とするいわゆる「素人向け市場」であったのに対して「プロ向け市場」と称して，制度上の差別化を図っていますので，この市場をどのように利用するか，どのように育てるのかは，関係者の対応次第ということになるのでしょう。このままいけば，自然消滅していくように見受けられます。

さて，次に事業計画の策定目的が資本政策や上場審査への対応である場合ですが，これらについては現実に達成可能な数値であるかどうかについて，特に注意をして作成することが必要です。上場準備作業や審査などの取組みはこの事業計画が現実化することを前提にスケジュールが組まれていくわけですから，達成が出来なければ無駄な作業ややり直しをすることになるので，余裕のある計画を作成することが必要です。なお，事業計画の作成に当たって，その前提となる会計処理基準に問題はないか監査法人等とも十分に確認を行っておくことが望まれます。売上の計上基準や退職給付引当金などは問題があるケースが多いですが，そのような場合，事業計画ばかりでなく過年度の決算に関しても修正が必要となる場合もあります。

(3) 事業計画とパフォーマンス管理

上場直前期における主幹事証券会社の引受部，あるいは審査部の最重視項目は会社が自ら作成した直前期に関する年度予算を月次展開した月次予算と実績の差異分析となります。特に審査部のチェックは非常に詳細な部分にまでかかわる可能性が高く，緻密な予算作成能力と正確な実績把握を前提とする予算差異分析能力，さらには，その分析結果を受けての取締役会決議などを通じて実績を予算に近づけていくための予算統制能力まで確認します。

この確認作業は，証券会社審査部による審査が始まってから本格化しますので，直前期に入ってからとなり，新興市場においては直前期の下期から申請期にまたがってチェックを受けることが多いといえます。月次決算の乖離幅が予算と実績の間でどのくらい離れていてもよいかに関しては，明確な指針があるわけではないですが，会社が月次の取締役会で予算実績を報告する際に，差異理由と対応策を示す基準としては，会社の実情に応じた基準（予算比20％以上の差異でかつ1,000千円以上の差異の場合）などのように予め定めておく必要があるでしょう。

審査部による審査は申請会社のコンプライアンス（法令遵守）に関して会社の現状，今後の運営におけるコンプライアンス維持のための管理体制確保に始まり，事業活動の継続的発展のためのビジネスモデルとマネジメントチームの評価，それらを裏付けるコーポレートガバナンス（経営統治組織）の確立へと続き終盤になって，最終的に目的とする金融商品取引市場に申請するか否か（先延ばしするか）の判断に当たって，足元の業績は堅調であるかが非常に重要となってきます。

　2006年から2007年に掛けて新規上場した会社のうち，比較的短期間に業績が計画通りいかなくなってしまった会社は半数近くにもなるのではないかと想定されますが，それらの会社も上場審査の最終段階において１年程度の期間は堅調な予算実績の数字を残していたはずです。にもかかわらず上場後比較的短期間に失速してしまう会社が多いのはなぜなのでしょうか？

　その理由はいろいろ考えられるでしょうが，列挙してみると以下のようなものでしょう。
① ビギナーズラックのようにたまたま運良く審査期間の予算実績が堅調であった。
② 上場まではある程度事業計画を見通すことが出来たが，上場後の事業の伸びに関しては読みきれなかったのでIRを考えてある程度楽観的な数字を提示した。
③ 元々のビジネスモデルだけでは上場後の業績の拡大には限界があると見て，事業買収等の不確実な内容を織り込んだ計画を提示した。
④ 日本経済全体や属する業界などの景気低迷，競争激化など予期せぬ事態により，収益力が急激に減速した。
⑤ 上場前の期間において提携先などの取引先から格別な条件で取引してもらっていたために堅調な業績を維持できたが，上場後は通常の条件に戻ったために業績が悪化した。

第1章　株式上場についての考察

つまり，新興市場が始まってから上場審査における何度かの失敗経験を経て，各証券会社審査部においてマニュアル化が進み上場申請直前における足元業績が堅調であることについては間違いなく確認できているはずです。しかしながらそのような確認をしているにもかかわらず，上場後に業績が下方に転じてしまう会社の数はむしろ増加しているわけで，これは上記の理由などからも分かるように上場審査というものがテクニカルに対応を受けるようになったこと，事業自体のファンダメンタルな力を評価するよりも新しさを魅力として強調し，まだ実質的には揺籃期にある，固まっていない会社を証券会社も投資家も求めて青田買いをしてしまったことが原因なのではないでしょうか。

事業経験等があまりに不足する経営陣が短期間で立ち上げた会社が高成長あるいは安定的な持続的成長を果たせないとはいいませんが，その確率はいかに上手にIRで表現したとしても高いとはいえないでしょう。主幹事証券としてこのような会社をデビューさせるには相当の識別眼とそのための審査におけるマニュアル的でない工夫が必要でしょう。

上場後に企業を安定持続的に成長させる仕組みとは何でしょうか，あるいは上場後成功している会社に共通しているものは何でしょうか。この問題に関して完全な回答は困難ですが，マネジメントチームにおける経験値の重視，情報開示おけるチェック体制の強化，経理部門が長期的視点から決算方針を決めていることなどが前提条件にはなっていると思われます。

(4) 予算管理と勘定科目の重要性

予算の策定に関しては損益に関する勘定科目の設定が非常に多くの意味を持ちます。会社の損益に関する勘定科目は，大きく分けて「発生原因による分類」と「支出目的による分類」に2分されます。一般的に発生原因による分類で処理されるケースが多いのですが，ケースによっては目的別分類を使った方が予算管理上有効なケースもありますので会社の実情に合わせて十分検討が必

要です。

　目的別分類で使われる科目とは,「研究開発費」「募集費」「コンピュータ関係費」「販売促進費」などです。

　例えば人材募集を行う場合に使われる費用は発生原因別分類で考えると,リクルート関連の会社への業務委託費「業務委託費」,パンフレット等の作成費「印刷費」,新聞・TVなどを使った広告費「広告費」,その他会社説明会の開催等の関係する費用などが様々な費用に分解されて計上され,しかも年度ごとにそれらの金額のかけ方に関する比重が変わるでしょうから,人材募集に関する費用が昨年と比べてどの程度増減したのか予算で見ても実績で見ても把握できないということになります。
　会社保有の車両にかかわる費用も車両関係費に一本化するか,燃料費,保険料,修繕費,租税公課,減価償却費,リース料などの科目に分解するか予算管理上の便宜を考えて予め決めておくことが望ましいでしょう。

　また発生原因別分類を行う場合であっても,例えば「お茶を買った。」という場合どのように勘定科目処理するかについては,1.社員が飲むものなので「福利厚生費」で処理する。2.会議のときに出すお茶なので「会議費」で処理する。3.「お茶」は会社で購入する消耗品のひとつであるので「消耗品費」で処理する。4.贈答用のお茶を買ったものなので「交際費」で処理するなど4通りは考えられるのです。使われ方を考えなければ処理が正確にならないこともあり,このようなケースでもっとも問題があるのは,経理部員が十分な確認をせずにそのときによって勘定科目を変えてしまっているようなケースです。このような場合は福利厚生費が前年同月,あるいは予算と比べて増えているとしても,本当に福利厚生費を多く使ったのか前年あるいは予算策定の前提と違う処理をしたことによって増えたのか分からないことも想定され,極端なケースでは予算実績差異分析自体がナンセンスになってしまうことにもなりかねません。

上場前の段階では会社の会計処理は主に税務申告目的でしょうから，税務上は損金になるものと，交際費のようなものの区別や消費税の課税・非課税の別などが勘定科目の分類で意味をなすものです。したがって，上記のような問題は通常配慮されないで会計処理は行われていると考えるべきでしょう。

　一方，通勤費については通勤手当として給与の一部として支給されるものであることから給与手当に含めて処理すべきものであり，通勤目的以外の社用交通費である旅費交通費に含めて処理するのは正しくない処理といえるでしょう。初歩的ではありますが，この辺りから正確になっていない会社もあるのです。

　さらに勘定科目には大分類，中分類，小分類などの区分や総勘定科目に対して補助科目の設定などを利用することによって，きめの細かい予算管理と全体的な状況の把握を両立させることが可能になります。例えば人件費の分類として役員報酬，給与手当，雑給，法定福利費などとし，さらに給料手当の分類として基本給，諸手当，残業代などに分類することが考えられます。
　また，通信費については，固定電話，携帯電話，コンピュータ回線，郵便代，宅急便代などに分類することが考えられます。勘定科目自体をあまり細かくすると損益計算書等が非常に長くなり一見して分かり難くなりますので，大分類で表示することによって概観性を損ねず，一方で特に金額が大きくなるような重要性の高い科目に関しては細かい分類を持つことによって，増減理由を正確に把握し今後のアクションプランを立てやすいようにします。

　また，「管理諸費」とか「販売諸費」などの勘定科目はそもそも正確な予算管理を妨げるものであり，上場を目指す会社としては利用すべきではない勘定科目といえるでしょう。

　このように正確な予算実績管理を行うためにはその前提として，正確な勘定科目処理が出来ることが大前提です。

4．内部管理体制の構築と運用

　内部管理体制に関しては，それを決める背骨となるのがコーポレートガバナンスといえるでしょう。良好なコーポレートガバナンスの下で，会社の具体的な諸管理も良好に遂行が可能となります。ここで，上場審査上，対象となる内部管理体制とは，人事管理，法務管理，会計・財務管理，固定資産・財産管理，販売管理，債権管理，在庫管理，購買管理，ソフトウェア資産管理，知財管理，リース資産管理などの諸管理が全て含まれています（各管理の求められる水準等に関しては，ショートレビューの項を参照）。

(1) 上場するために求められるコーポレートガバナンス

　東証の本則市場における審査のガイドラインにはコーポレートガバナンス及び内部管理体制に関して，以下のように書かれています。

　東証審査基準

3．企業のコーポレートガバナンス及び内部管理体制の有効性
　　コーポレートガバナンス及び内部管理体制が適切に整備され，機能していること
(1) 役員の適正な職務の執行を確保するための体制が，適切に整備，運用されている状況にあること
(2) 経営活動を有効に行うため，その内部管理体制が適切に整備，運用されていること

> (3) 経営活動の安定かつ継続的な遂行及び適切な内部管理体制維持のために必要な人員が確保されていること
> (4) 企業グループの実態に即した会計処理基準を採用し，かつ，必要な会計組織が，適切に整備，運用されている状況にあること
> (5) 経営活動その他の事項に関する法令等を遵守するための体制が，適切に整備，運用されている状況にあること。また，最近において重大な法令違反を犯しておらず，今後も行わない状況にあること

以下に上記の5項目に関する具体的な内容検討を示します。

① 役員の適正な職務の執行を確保するための体制が，適切に整備，運用されている状況にあること

これについては取締役会規則や職務に関する規程等で適切な定めが行われていると共に，それぞれの役員の職務に関連する職務遂行を実施するためのラインの部門のほかに職務遂行をサポートする秘書的な部門，数値等の資料を提供する経理部や経営企画室などの部門，リーガルチェックを行う法務部門，内部監査を行う部門などが適切に機能していることが必要となるでしょう。

② 経営活動を有効に行うため，その内部管理体制が適切に整備，運用されていること

この点については，具体的には人事・労務管理，販売管理，購買管理，在庫管理，原価管理，予算管理，研究開発管理などの経営活動を行うために必要となる諸管理が適正に定められた規程類に則って整備・運用されていることを意味します。これらの規程類は事業活動を合法的に行うべくコンプライアンスに配慮した形で定められていることはもとより，内部統制を確保しながら合理的かつ効率よく行われていることを審査すると考えてよいでしょう。会社組織を有効に管理するための諸管理については後で個々に説明していきたいと思いま

す。

③ 経営活動の安定かつ継続的な遂行及び適切な内部管理体制維持のために必要な人員が確保されていること

組織的な経営が行われるためには，現実的にはいくら組織を作って規程類を整備したとしても適切な能力を持った人が確保されていなければ機能しません。つまり組織は個人の能力に依存するという面は否定できません。上場を準備する会社にはその事業運営を安定化させ良好な内部管理体制維持のために欠かせない人員が存在し，それは会社の事情により異なることになります。

役員や管理部門に関してある程度全ての上場準備会社に当てはまる人員として，私は以下の人員を早期に確保するように指導しています。

1. 管理本部長（通常取締役）
2. 常勤監査役
3. 内部監査室長（内部監査及内部統制監査を担当）

以上の3名が上場準備に関わる主要3役といえますが，管理本部長の下に総務部長と経理部長を置き，管理本部長と経理部長は外部公表決算に関する知識をもち最低限二重チェックできる体制を確保することが必要です。総務部関係の職務には法務，人事，庶務，文書管理，役員補佐などがあり，法務・人事・その他で考えても最低3名程度のスタッフが必要です。また経理部は金銭出納を中心とする財務と記帳管理と決算業務を中心とする経理に2分することができ，これらは内部統制の確保上担当者を分けることが必須とされています。

ところで，上場後に大きく発展した会社の多くが管理部門ないし管理の中心人物が優秀であったことを指摘されています。社長が優秀であることはもちろん必要ですが，会社を大きくするという面から考えると，事業拡大するための大きな力を持つ社長と，それを側面的に支える管理担当責任者の役割分担は非

[上場後の管理部門組織イメージ]

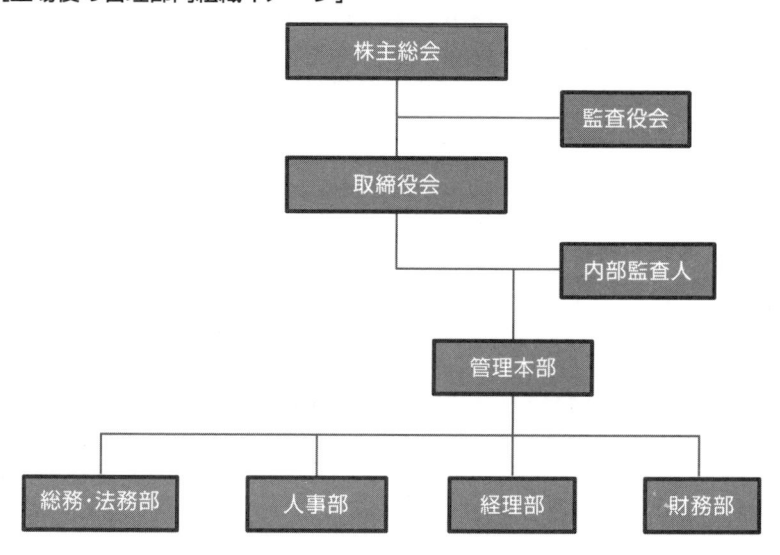

```
                    株主総会
                    ／    ＼
                   ／      監査役会
                  ／
                取締役会
                  ｜    ＼
                  ｜     内部監査人
                  ｜
                管理本部
         ／    ／    ＼    ＼
    総務・法務部  人事部  経理部  財務部
```

常に重要といえます。松下やホンダの財務担当役員が優秀であった話は有名ですが，このような話は実は規模こそ違え上場して成功した会社にある程度共通したことといえるでしょう。創業に近い段階から管理担当者は必要となりますが，非常に重要なことは創業時に苦楽を共にしたことと，その人の個人の管理能力とは別問題ということです。会社を大きくして成功に導きたければ，個人の資質と経験がどうしても必要です。若手経営者の会社ではそこを注意して管理部門担当者を考える必要があります。会社がどこまで大きくなれるかは，経営者だけでなく実は管理部門担当者の力量に大きく依存するといえます。

アメリカで近年急成長を成し遂げたシスコシステムズという会社は，スタートアップ期，急成長期，安定拡大期，の3期においてマネジメントチームを替えていったことで知られています。つまり，会社の成長ステージに併せて最もその経験を持つものがマネジメントすることによって，その会社を最も価値のあるものにしていくということで，オーナーシップとマネジメントの関係が明確に区別されていればこそ可能になったことといえるでしょう。

(2) 管理部門の組織図について

　人材を考える場合に，あるべき組織図を描いておいて，現状全てのポジションに人材がいない場合でもどのタイミングでどのポジションにどのような人材が必要か上場準備の早い段階で考えておくと計画的な対応が出来てよいでしょう。なお，上場審査においては，組織図内において横の兼務は禁止，縦の兼務は1階層までというのが基本ルールですから審査が始まった時点で必要な人材が確保されていなければならないのはいうまでもありません。

　ところで，上記の3役職に適切な人材が配されている会社において不祥事発生のケースは認められるでしょうか。逆にいえば会計関係の不祥事が発生した会社は，上記の3役職に適切な人材が配されていない可能性が極めて高いというべきかもしれません。上場後に不祥事の発生や開示の問題を回避するためには管理系の役職者について人数，経験値，能力などについて具体的に定めることによりガバナンスの向上を図ることのほうが有効と考えられます。

① 企業グループの実態に即した会計処理基準を採用し，かつ，必要な会計組織が，適切に整備，運用されている状況にあること

　まず監査法人による監査が実施されている場合で「適正意見」を得るためには上記の要件は必須なのですが，上場審査の対象となる期間が有価証券届出書において開示される特別情報の期間も含んでいるので，その期間に関しては実態に即した会計処理基準が採用されているかどうかは会社が自ら立証しなければなりません。

　　(注)　特別情報……有価証券届出書にはその提出期の直前期までの監査対象となる2期間とさらにそれ以前の3期間があり，特別情報とはその3期間を指します。

　また，必要な会計組織が，適切に整備運用されていることは，上場後の適切な開示を行うためには欠かせないものではありますが，これも実際には外部に

依存しながら申請書類等を作成しているケースも多く会社の独力では不十分なケースが多いというのも過去の審査の中で明らかにされてきたことといえるでしょう。

内部統制の監査の中で「決算財務報告プロセスにおける内部統制」が求められていることもあって，今後は自力で外部公表できるレベルの決算書の正確かつ適時な作成能力が強く求められることになります。自力という意味は必ずしも従来会計士が協力してきたという訳ではありませんが，今後は協力の内容によっては会計士は処分されてしまうので，本当に会社は独力で作成，チェックし会計士は監査するだけとなるのです。

なお，実態に即した会計処理基準の意味合いとしては，会計処理はその取引の実態に即して処理されるべきであり，実態と違う契約等が存在していたとしても実態が優先されるという会計の考え方を反映してのことと考えられます。例えば，検収日に引渡しが完了し債権債務が成立するという取引基本契約を締結している場合であっても，検収日後の返品を契約上の明記がないにもかかわらず，無制限に受け入れている場合などは，実態から判断して，委託販売と理解し検収時ではなく，委託先の販売記録等に基づいて売上を計上すべきと考えられます。

② 経営活動その他の事項に関する法令等を遵守するための体制が，適切に整備，運用されている状況にあること
　　また，最近において重大な法令違反を犯しておらず，今後も行わない状況にあること

経営活動その他の事項の，その他の事項とは経営活動以外の活動においても上場申請する会社においては常にコンプライアンスを重視する対応が必要との意味で，上場取引所においてはそこに上場している会社の役員が飲酒運転で事故を起こしたり，覚醒剤を使ったりされては取引所の信頼をも大きく毀損することにつながるという経験に基づく基準となっています。したがって，役員の

中に重大な法令違反をした者がいれば上場申請は難しく，そのようなことが起こらないような体制が整備・運用されていることが求められていますが，具体的には監査役や内部監査などのチェック，組織内，組織間の内部統制による相互チェックが機能していること，さらに一般社員に関しては常に遵法の精神を組織内に浸透させるとともに業務に関連する法律等に関してコンプライアンス研修を行い，さらに取締役等の役職者を中心としたコンプライアンス委員会を設置し経営活動に関連する法規，労働関連法規などの理解を深め，こうしたことを反復継続的に行っていることなどを上場審査では求めています。すでに上場している会社であってもネット社会の発展に伴う内部告発の多発化などによって，法令違反を含む不祥事が多発しています。今後もこれらの不祥事が上場会社において多発すれば，上場企業のみならず日本経済全体にも深刻な影響を及ぼすことになるでしょう。よって，社会から信頼される上場会社として認められるためには，会社は違法のチェック体制を確立し運営すると共に，経営者はその活動全域において，違法のチェックを受けていることが必要とされるのです。

　もし法令違反の事実が判明した場合，直ちに該当する法令に関して詳細に検討し現在の状況に関する法的解釈を明らかにすると共に，どのようにして違法状態を回避するかに関するレポートをまとめ，さらには再発防止対策を具体的に検討した上で取締役会で審議し，必要な決議を受けておくようにします。さらに言えば，合法であっても道義的・社会的な観点からも問題がないか検討すべきでしょう。この状態で証券会社審査部等と相談の上で上場申請にどのように影響させるか決めていくこととなります。

＜NYSEとLSEのコーポレートガバナンス規制，ニューヨーク証券取引所（NYSE）の規制＞
　上場基準にコーポレートガバナンスに関するミニマム・スタンダード（303A）を盛り込み全ての上場会社にその採用を義務化しています。

第1章　株式上場についての考察

セクション303A：
1．取締役会のメンバーの過半を社外取締役とする
2．3名以上の社外取締役のみによる監査委員会の設置
3．コーポレートガバナンス委員会，報酬委員会の設置
4．株式報酬の支払いには株主の承認が必要

NASDについては，上記の1．が2名，2．が過半数というルール

これらの取組みは2003年11月からでその後のSOA（サーベイアンドオックスレー法）でさらなる強化という形で展開した。

＜ロンドン証券取引所（LSE）の規制＞
　上場会社に対してベストプラクティス・コードを定め，それと異なる場合については釈明を求めています。
ターンブルガイダンス（1999.9）：
1．健全な内部統制維持に関する責任は取締役会にあること
2．経営者は内部統制の有効性に関して取締役会による評価を受け年次報告書で説明すること
3．取締役会は内部統制に関して適切にレビューを行っていることを年次報告書に記載する
4．取締役会は内部監査の適切性を検証しなければならない

　日本のように監査役制度がないので，経営者の行動監視制度としては社外取締役による監査委員会の設置などが設けられています。日本では監査役制度がありながら，常勤監査役については社外であることを求めていませんが，アメリカでは監査役制度はないのですが，社外の取締役による監視を必要としています。

(3) ホールディングカンパニーによる株式上場について

　本来財閥を築いた制度である事業持株会社については，資本主義経済下にあって過度の資本の集中をもたらすものとして戦後の財閥解体以後，独占禁止法によって禁止されてきましたが，このような法的規制を残している国が世界的にも日本と韓国だけとなり，むしろ日本企業が世界経済の舞台で活躍していくためには問題があるということで平成9年の同法改正によって事業持株会社の禁止が解かれることとなりました。なお，持株会社には，事業会社を傘下に持ちそれらを管理する目的の事業持株会社と，株式や土地などの財産を保有するだけの純粋持株会社があり，従来より純粋持株会社は禁止されておらず，株式上場に際しての相続対策的な見地から利用されてきたところです。

　事業持株会社（ホールディングカンパニー）による株式上場という場合に，留意すべきポイントとしては次のようなものがあります。

1．1つの会社ではなくホールディングカンパニーとすることによる合理的な意義はあるか？

2．親・子会社等のグループ会社の役員等に関しては，適切な分担が行われており，兼務がある場合には，グループの役割分担から考えてその内容に問題がないかどうか？

　例えば，全ての社長を親会社であるホールディングカンパニーの社長が兼ねているような場合は合理的な意義がない可能性が高いと判断されるでしょう。ホールディングカンパニーは投資会社であって，それの傘下となる事業会社の投資的価値を実績から評価することになりますから，立場が異なることになるわけで両者の代表を兼ねることは制度的に矛盾するからです。

3．傘下に入る事業会社は，それなりの数と事業内容の相違があり，グループ会社全体としてホールディングカンパニーとして管理すべき体を為しているか？

4．傘下の事業会社に対する利益管理，リスク管理などのガバナンスが十分に機能しており，内部統制や連結対応，適時開示などの情報開示に対して対応可能であるか？
5．ホールディングカンパニーである親会社は投資会社であることから，投資の基準，回収，撤退などの基準を有するか？
6．ホールディングカンパニーが上場した場合，事業子会社は単独で上場することは出来なくなるが，そのことは十分理解しているか？

　ただし，傘下にある主たる支配力を有しない会社（株式のみ保有する会社）に関しては別個に上場申請可能であり，そのキャピタルゲインをホールディングカンパニーの利益として処理することは可能となります。

5．企業内容開示

　企業内容の開示には会社法に基づくものと金融商品取引法に基づくもの，さらには上場会社には上場市場の規則によって開示が求められるものがあります。

(1) 金融商品取引法に基づく開示

1．有価証券通知書　1千万円超　1億円未満の有価証券の募集又は売出しを行う場合
2．有価証券届出書　1億円以上の有価証券の募集又は売出しを行う場合
　（1年以内の通算で1億円以上となる場合，6ヶ月の通算で50人以上となる場合は該当）
3．有価証券報告書　2．を提出した会社はその後決算期ごとに提出
4．四半期報告書　45日以内の開示が法定で義務付けられている。
5．臨時報告書

内部統制報告書は，上場会社の有価証券報告書の添付資料となる。

(2) 上場市場の規則に基づく開示（適時開示）

　東証の例を示すと下記のように多岐にわたっており，詳細を列挙することは控えますが東証のホームページで確認が可能です。ホームページには書式もダウンロードできるように用意されています。さらに東証では適時開示違反の月別件数をホームページ上で開示しています。これらの適時開示項目は各金融商品取引市場ごとに定められていて，その市場に上場する会社に情報開示を義務付けています。

　これを守ることは上場企業のルールであり，情報開示に対する違反が度重なると，せっかく上場したものの退場（上場廃止）を勧告されることもあります。また，これらに対する違反事実が発覚すると上場市場から改善勧告が行われ，それに対する対応と報告が求められることがありますが，これはサッカーのイエローカードのようなもので，重なればレッドカードとなるものです。

上場会社に係る情報	決定事実に関する情報　　39項目 発生事実に関する情報　　25項目 決算に関する情報（決算短針，四半期決算短針） 上場会社の業績予想，配当予想の修正等　2項目 その他の情報　　4項目
子会社に係る情報	法定事実に関する情報　　19項目 発生事実に関する情報　　12項目 決算に関する情報　　1項目
子会社の業績予測の修正等	
非上場の親会社等に係る情報	法定事実に関する情報　　15項目 発生事実に関する情報　　3項目 決算に関する情報　　1項目
非上場の親会社等の決算内容	

　上記のうち上場会社自体にかかわる適時開示の内容を具体的に見ると以下のようになっています。

第1章 株式上場についての考察

上場会社の決定事実
1. 発行する株式，処分する自己株式，発行する新株予約権，処分する自己新株予約権を引き受ける者の募集又は株式，新株予約権の売出し
2. 発行登録及び需要状況調査の開始
3. 資本金の額の減少
4. 資本準備金又は利益準備金の額の減少
5. 自己株式の取得
6. 株式無償割当て又は新株予約権無償割当て
7. 株式の分割又は併合
8. 剰余金の配当
9. 株式交換
10. 株式移転
11. 合併
12. 会社分割
13. 事業の全部又は一部の譲渡又は譲受け
14. 解散（合併による解散を除く）
15. 新製品又は新技術の企業化
16. 業務上の提携又は業務上の提携の解消
17. 子会社等の異動を伴う株式又は持分の譲渡又は取得その他の子会社等の異動を伴う事項
18. 固定資産の譲渡又は取得
19. リースによる固定資産の賃貸借
20. 事業の全部又は一部の休止又は廃止
21. 上場廃止の申請
22. 破産手続開始，再生手続開始又は更生手続開始の申立て
23. 新たな事業の開始
24. 公開買付け又は自己株式の公開買付け
25. 公開買付け等に関する意見表明等
26. ストック・オプションの付与
27. 代表取締役又は代表執行役の異動
28. 人員削減等の合理化
29. 商号又は名称の変更
30. 単元株式数の変更又は単元株式数の定めの廃止若しくは新設

31. 決算期変更（事業年度の末日の変更）
32. 債務超過又は預金等の払戻の停止のおそれがある旨の内閣総理大臣への申出（預金保険法第74条第5項の規定による申出）
33. 特定調停法に基づく特定調停手続による調停の申立て
34. 上場債券等の繰上償還又は社債権者集会の招集その他権利に係る重要な事項
35. 公認会計士等の異動
36. 継続企業の前提に関する事項の注記
37. 株式事務代行機関への株式事務の委託の取止め
38. 定款の変更
39. その他上場会社の運営，業務若しくは財産又は当該上場株券等に関する重要な事項

上場会社の発生事実
1. 災害に起因する損害又は業務遂行の過程で生じた損害
2. 主要株主又は主要株主である筆頭株主の異動
3. 上場廃止の原因となる事実
4. 訴訟の提起又は判決等
5. 仮処分命令の申立て又は決定等
6. 免許の取消し，事業の停止その他これらに準ずる行政庁による法令等に基づく処分又は行政庁による法令違反に係る告発
7. 親会社の異動，支配株主（親会社を除く）の異動又はその他の関係会社の異動
8. 破産手続開始，再生手続開始，更生手続開始又は企業担保権の実行の申立て又は通告
9. 手形等の不渡り又は手形交換所による取引停止処分
10. 親会社等に係る破産手続開始，再生手続開始，更生手続開始又は企業担保権の実行の申立て又は通告
11. 債権の取立不能又は取立遅延
12. 取引先との取引停止
13. 債務免除等の金融支援
14. 資源の発見
15. 株式又は新株予約権の発行差止請求
16. 株主総会の招集請求
17. 保有有価証券の含み損
18. 社債券に係る期限の利益の喪失

19. 上場債券等に係る繰上償還又は社債権者集会の招集その他権利に関する重要な事項
20. 公認会計士等の異動
21. 有価証券報告書又は四半期報告書の提出遅延
22. 財務諸表等の監査報告書における不適正意見，意見不表明，継続企業の前提に関する事項を除外事項とした限定付適正意見
23. 内部統制監査報告書における不適正意見，意見不表明
24. 株式事務代行委託契約の解除通知の受領等
25. その他上場会社の運営，業務若しくは財産又は当該上場株券等に関する重要な事実

上場会社の決算情報
1. 決算短信
2. 四半期決算短信

上場会社の業績予想，配当予想の修正等
1. 業績予想の修正，予想値と決算値の差異等
2. 配当予想，配当予想の修正

その他の情報
1. 投資単位の引下げに関する開示
2. MSCB等の転換又は行使の状況に関する開示
3. 支配株主等に関する事項の開示
4. 上場廃止等に関する開示

　これだけの情報を，常に適時開示しなければならないというのは相当負担のかかる仕事であることを理解していただけると思います。

6．利害関係者からの独立性確保

東証審査基準

(1) 特定の者に対し，取引行為その他の経営活動を通じて不当に利益を供与していないこと

(2) 役員相互の親族関係，その構成又は他の会社等の役職員等との兼職の状況が，公正，忠実かつ十分な業務の執行又は有効な監査の実施を損なう状況にないこと

(3) 親会社等を有している場合は，aからcまでの事項その他事項から，親会社からの独立性を有する状況が確認できること

 a．申請会社が，事実上，親会社等の一事業部門と認められる状況にないこと

 b．申請会社と親会社等が，通常の取引の条件と著しく異なる条件で営業上の取引その他の取引を行っていないこと

 c．出向者の受入れ状況が，親会社等に過度に依存しておらず，継続的な経営活動を阻害するものではないこと

---

① 特定の者に対し，取引行為その他の経営活動を通じて不当に利益を供与していないこと

全ての取引先等と合理的な条件で取引等を行っていて，したがって，その会社の経営活動から生じる利益はその実力を反映したものであることが求められます。

取引行為その他の「その他」とは，例えばオーナー経営者の身内で現在は経営活動にほとんど参加していないにもかかわらず不相当な報酬を支払っている

第1章　株式上場についての考察

場合などを表しています。

　また，ここでは「利益の供与をしていること」について記載していますが，「利益の供与を受けること」も当然問題となります。特に資本提携先などから特別の条件を出してもらっていてそのために利益が上がっているような場合では，本当の実力では上場に必要な利益を確保されないかもしれないということになってしまうかもしれません。本当の実力ではない一過性の作られた利益をもって上場審査を潜り抜けた会社は上場後に当然のことながら利益計上が困難となり上場後株主となった投資家をはじめ多くの関係者に不利益をもたらし，金融商品取引所の信用失墜さらにはこれから新規上場していこうとする会社，最近の上場会社まで疑いの目で見られ市場全体の株価低迷にまで結びつきかねないということになります。したがって，上場審査においてはその会社が計上する利益はその会社の経営努力を素直に表したものであって何らかの利害関係を背景とした作られた不自然な利益ではないということを見極めなければなりません。

　もちろんこのことは金融商品取引法に基づく監査法人等による監査においても問題となります。監査法人等による財務諸表監査では，損益計算書等の財務諸表の適正性を保証しているからです。ただし，財務諸表監査には限界があり，一般に公正妥当と認められる監査手続きを実施した範囲では判明しなかった不正誤謬等に関しては責任を追及されないこととなっています。したがって，取引先と結託すれば監査の限界を潜り抜けることはいとも簡単に出来てしまいます。例えば，仕入先と結託してそこから仕入れるAとBという商品があった場合，Aはすぐに売れる売り先の決まったものでこれを100安くしてもらう代わりに，当面売り先の決まっていない（売る気のない）Bを100高く買うということにしたとします。そのまま決算を迎えればBはそのまま在庫計上されるでしょうから僅かこれだけのことで利益は100多く計上されることになり，監査でこれを見破るのは困難となります。少なくとも証憑突合（バウチング）の実施や社内の承認関係が適切に行われたかというようなコントロールテストを淡々と実施したとしてもまず分かりませんし，分かる可能性があるとすれば，

97

決算書の数値に異常性がないかを全体的に検討する分析的手続きなどとなるでしょうが，多少不自然な増減があっても会社側の説明に合理性が認められれば問題無しとしてしまう可能性が高いといえるでしょう。そうなるとこの取引を見破れるとすれば，①今までにない新規取引先との取引であってしかも金額が大きい。②今までも取引のある取引先との取引ではあるが今まで扱われていなかった商品で金額が大きい。③在庫の金額が異常に大きくなっている，などこうした異常な取引の不自然さがどこかに表出しているのを監査人の経験等から見逃さないこととなるでしょう。それにしてもこのような仕組まれた偽装取引が行われた場合，粉飾をしたという事実を確定的に認識して決算を修正させる決定的な証拠等を入手するのは非常に困難と考えられます。

なお，金融商品取引法に基づく財務諸表監査においても重要な不正や誤謬の発見を目的として監査手続きが追加されていますので，こうした取引を発見するための監査人の行うべき手続きは強化されています。社会的な監査に対する期待や責任追及の関係を受けてこのような手続きの強化は行われるわけですが，こうしたことは一方で監査時間の増加というコスト負担を監査を受ける会社側に強いることとなりますし，どこまで時間を増やしていっても完全な適正性を保証することが出来るわけではないということもいえるわけで，監査法人側の論理だけでなく利用者側の意識として監査に求めることと負担するコストのバランスをどのように考えるかという視点も必要です。今の社会の論調のように監査法人の責任追及に議論が集中すれば，監査のコストは大幅に上昇していかざるを得ないでしょう。

上場の審査においては，その会社がどのような取引プロセスを経て，どのような理由があって利益を計上することが出来ているか慎重に見極めなければなりません。この利益計上プロセスの合理性判断は本来的には上場審査の最も基本的事項といえるでしょう。

例えば，上場申請会社の株主にもなっているような取引先があって，そこからの受注額が売上のかなりの部分（例えば30％くらい）を占め，さらに調べてみ

ると，その取引から生じている利益が全体の利益の過半を占めているような場合には，上場審査は慎重に判断せざるを得ないでしょう。特定の得意先から優遇された取引条件で取引を行い，その利益を以って上場を果たし，上場後取引条件を通常に戻されたらどのようなことが起こるでしょうか。

我々監査人も監査の過程で，このような取引が行われている可能性に関して慎重に判断することにしています。

② 役員相互の親族関係，その構成又は他の会社等の役職員等との兼職の状況が，公正，忠実かつ十分な業務の執行又は有効な監査の実施を損なう状況にないこと

親の代で起こした事業を子の世代で成功させた会社などで見られる事例として，ほぼ引退している親に対して高額な役員報酬が支払われ続けていることがあります。上場審査では役員は職務遂行，判断能力からして適切な人材のみが就任している必要があり，このようなケースでは退任していただき，報酬の支払いを止めることが必要となってきます。未上場会社として親に対する報酬の支払いを継続したいか，上場してより大きなキャピタルゲインを得て親孝行するかの選択ともいえるでしょう。また，未上場会社とはいえある程度の事業規模になってくると，実際に機能していない親に報酬を払い続けるのは従業員たちの手前，考慮が必要となるでしょう。また，上場準備会社の資本上位会社に資産運用・保全会社を作り，そこから報酬を払う方法もあるでしょう。欧米でもパブリックカンパニーのオーナーがファミリービジネスとしてファンドへの投資などを行っている例は多くみられます。

③ 親会社等を有している場合は，aからcまでの事項その他事項から，親会社からの独立性を有する状況が確認できること
　a．申請会社が，事実上，親会社等の一事業部門と認められる状況にないこと

　　申請会社が独自のコーポレートガバナンスを確立できているか，つまり

親会社とは全く別個の判断で経営が行われている必要があるということです。

b．申請会社と親会社等が，通常の取引の条件と著しく異なる条件で営業上の取引その他の取引を行っていないこと

　　ここで「通常の取引条件と著しく異なる条件で」というのは，通常は申請会社にとって有利な取引を意味するでしょうが，逆に不利な場合も当然に問題となります。つまり，申請会社が生み出す利益が，申請会社の公正な企業努力によって生じたものでなければ，それが将来にわたって継続することは難しいと判断せざるを得ないからです。

c．出向者の受入れ状況が，親会社等に過度に依存しておらず，継続的な経営活動を阻害するものではないこと

　　特に経営上重要なポジションの人材が親会社からの出向者によって占められている場合は，直前期末までに申請会社への転籍を求められることになります。

　　出向者が出向元の親会社等に戻ったことによって，上場した会社が継続的な経営活動を行うことが困難になっては話にならないからです。

　　親会社以外からの出向者の場合，重要なポジションに関しては，兼職ではなく専業化が求められることになります。

7．株式上場までのスケジュール

　株式上場までのスケジュールに関しては，上場の3年程度前から作成する中期的な計画と，上場日をはさんで1年前後の期間について詳細に日程を決めて作成するスケジュールがあります。この後者のスケジュールは証券会社の引受

部が作成するものです。

(1) 中期的な上場計画

　これについては，まず会社の業務内容に沿って課題をまとめ，課題内容，着手，期限，担当者，成果物，承認といった欄を設けた一覧表を作成しておきます。これを毎月更新し，月次の上場準備ミーティングにおいて進捗管理するというようなスタイルで進めるのがよいでしょう。上場準備室を設けて上場準備のみの担当者を置く会社もありますが，規模が大きい会社を除き，兼務での対応も可能でしょう。ただし，社内で上場準備関係の仕事の関わる主なメンバーは決めておく必要があり，そのメンバーが中心になって資料の作成等を行う必要があります。

上場準備作業・管理一覧表の例

分野	課題内容	着手	期限	担当者	成果物	承認	その他
総務	取締役会議事録の整備	09年7月	09年10月	総務鈴木	取締役会議事録	取締役会	
総務	残業代支払いに関する事務整備	09年8月	09年12月末	総務伊藤	残業申請書・残業状況一覧表等	取締役会	○×社会保険労務士事務所
経営企画	中期事業計画の策定	09年9月	09年11月末	経企山崎	中期事業計画書	取締役会	

　上場準備の課題に関しては，監査法人によるショートレビュー（短期調査），主幹事証券会社引受部による調査，指導，審査部による指摘，自社による自発的な調査，などによって把握され，それらを上記のように一覧形式でまとめておけばよいでしょう。なお，上場準備作業が進んでいくと，課題は後発的に増加していく可能性があります。その場合は欄を追加して記載するようにするとよいでしょう。

　全体的なスケジュール管理については，次頁のような例を参考にすると良いでしょう。

IPO準備作業全体スケジュール

項目番号	項目	詳細	n-2	n-1	n	作成担当	期日	査閲担当	ステイタス
全体	主幹事証券会社の選定	n-2の上期終了まで							
	監査法人の選定	n-2期に入る前後							
	SRの実施	n-2の上期中							
	資本政策の作成・決定	n-2の上期中							
	証券代行・FPの選定	n-1期に入る前後							
	キックオフの開催	SRの終了後遅滞なく							
組織	取締役の検討	n-2期上期終了前後							
	管理部門の検討	n-2期上期終了前後							
	内部監査の検討	n-2期下期中							
	監査役の検討	n-2期下期中							
	取締役会の運営	n-2期下期中							
	議事録の整備	n-2期下期中 早いほど良い							
	組織図・組織規程の検討	n-2期下期中							
	決済制度の確立・運用	n-2期下期中							
人事	人事関係規程の整備	n-2期下期中							
	残業問題の検討	n-2期下期中 早いほど良い							
	社会保険の加入の検討	n-2期下期中 早いほど良い							
	人事考課・評価制度の検討	n-2期下期中							
	教育研修制度の検討	n-2期下期中							
管理制度	管理関係規程等の整備運用	n-2期下期中							
	業務記述書・フローの作成	n-2期終了まで							
	内部統制の検討	n-2期終了まで							
	マニュアルの作成	n-2期終了まで							
	規程間の整合性検討	n-2期下期中							
在庫管理	在庫・受払管理の整備運用	n-2期上期終了まで							
	期末棚卸の整備運用	n-2期上期終了まで							
原価管理	原価計算制度の整備運用	n-2期上期終了まで							
	仕掛品の有無・評価の妥当性	n-2期上期終了まで							

第 1 章　株式上場についての考察

予算管理	事業計画の作成・見直し	n-2期上期中
	月次予算の作成	n-2期上期中
	月次決算の実施	n-2期下期中
	月次予算実績管理の実施	n-2期下期中
	予実分析資料の検討	n-2期下期中
関係会社関連	関連当事者取引の有無確認	n-2期上期
	関係会社の確認	n-2期上期
	連結の検討	n-2期上期
	整備方針の検討	n-2期上期
会計処理	会計処理方法の確認	n-2期上期
	過年度決算書類の確認	n-2期下期中
申請書類	Ⅰの部 経理の部以外	n-2期からn-1期上期中
	Ⅰの部 経理の部	n-1期上期中
	四半期報告書対応	n-1期 第2四半期まで
	Ⅱの部作成	n-1期上期中 必要に応じて
審査	主幹事証券 審査対応	n-1期後半から n期
	取引所 審査対応	n期
	インサイダー・反社対応	n期　上場3ヶ月前くらい
	サブ幹事団の組成	n期　上場3ヶ月前くらい
	IR資料の作成	n期　上場3ヶ月前くらい
	上場にかかわる最終的な決定	n期　上場3ヶ月前くらい

103

(2) 上場前後のスケジュール

　先に述べたように，上場日を含む1年程度の詳細な上場日程は，その日程の始まる頃に証券会社引受部が作成して会社に提出します。この日程は途中の何かが遅れると，それに連動してその後の日程も遅れることになるというもので，中期の上場計画のように後から日程の遅れを取り返すというようなことはほとんど出来ません。したがって，日程通りに上場したい会社は，この日程に書かれた内容が，全て日程以内で終わるように考えておかなければなりません。例えば，審査部よりの質問書が提出され，その提出期限が8月20日だとしますと，20日の間に提出するのは最低限で，できれば1日でも前に提出できるように努力すべきでしょう。もし，「お盆休みがあったので提出が2日遅れました。」などといえば，審査部は同じ理由で取引所に提出する資料も遅れる可能性がある会社か，と考えてしまうでしょう。

　書類の提出期限を守るということは，審査としてはそのようなことまで考えているのだということを理解しておく必要があるでしょう。

　主幹事証券が何時ごろ上場という話をしていて，すでに直前期の期末日に近づきつつあるにもかかわらず，この上場日程が会社に提出されていないというケースがありますが，これは証券会社から見た場合，業績に対する不安やその他の事情によって，いまだ現実的には上場するのは難しいと考えている可能性が高いといえるでしょう。

　主幹事証券から上場日程表が提出されたら，そこに書かれている内容に関して，理解できていない内容は十分に説明を求め，理解した上で日程を確実に守れるように対処すべきでしょう。

(3) 株式上場審査の本質

　かつて，日本に新興市場と呼ぶことのできる市場であるJASDAQが出来た1974年以前の日本の上場マーケットは，東証が大部分でありこの時代の上場審

査は，そもそもすでにほとんど世の中に認められたような大型銘柄しか上場申請にいたることがなかったので，それらに関して，上場申請書Ⅱの部といわれる書類を中心とした書類審査が東証によって徹底的に行われ，重箱の隅を突くようなミスを指摘され，それの対応が悪ければ，会社に問題があるのではなく，書類に不備があるというような理由でも申請が却下されたりしたこともあったと聞いています。

　この時代には証券界には達人といわれる審査対応のプロがいて，その武勇伝は語り継がれたりしていました。いわばディベートのプロといえるような人々であったのでしょう。そして，新興市場としてJASDAQが出来，ここから上場審査の機能を証券会社が持つこととなってから事態は変わってきました。今までは，実際には上場させてほぼ問題がないような銘柄について取引所の審査が難癖をつけるのに対応していたのが，今度は上場させてよいかどうか本当に問題があるかもしれない銘柄を証券会社が自ら審査し，上場の可否を決断しなければならなくなったからです。

　最近では取引所も上場を志向し，業績の拡大に目を向けるようになったことで，対応が変わってきたように思います。私が危惧するのは未上場の大型銘柄が上場する際に取引所の審査が甘くなる傾向があると指摘されていることです。確かに取引所の商売という面から考えれば大型銘柄の上場は魅力でしょうが，大型銘柄であればこそ，内部統制が不備のまま上場したり，ガバナンスに問題があったりしたら後に大きな問題に発展する可能性もあるわけで，大型銘柄であればこそ十分な審査を持って対応しなければならないと考えます。

　ただし，新規上場銘柄の不祥事が相次ぐことをもって審査の強化を図るという場合に，いたずらに形式的な審査項目を増やしても事態は改善されないでしょう。むしろ審査の本質とは，申請会社の真実の姿を見抜くことであり，したがって経営者と十分な時間をかけて面談し，様々な局面から理解し，上場会社の経営者としての適正を備えているかを見極めることが必要でしょう。さらに，現場レベルまでおりて，ビジネスの実態を把握し，そのビジネスが実際に付加価値を生み続けることができるものであるか実感として理解する必要があ

るでしょう。もちろん書類作成能力は適時開示の大前提でもあり上場会社としては重要な能力ですが，審査担当者は書類審査に頼りすぎることがないように本質を見極めるという高い意思を持って望むことが必要でしょう。

8．株式上場に関わる様々なキャスト

(1) 証券会社

　株式上場に際して主幹事業務を行う証券会社においては，株式上場に主に関連する部門は，証券会社によって名称が異なる場合もありますが一般的には企業部，上場引受部，審査部の3部門となります。企業部は株式上場の見込みがある会社を発掘し株式上場に際しての幹事業務を引き受けることと，その後上場に至るまでの様々なフォローを行います。こうした企業向け営業を称してホールセールといい個人向け営業をリテールと称するのは最近の傾向です。証券会社では法人向け営業を事業法人と金融法人に分け，個人営業と大きく分けていました。

　上場引受部については企業部が発掘してきた上場見込みのある会社について上場審査を受けられるまで業務改善等の指導をします。審査部は上場引受部による指導が終わり，ほぼ上場申請が可能と認められる会社について上場適格であるかどうか様々な観点から審査をします。

　具体的に上場引受部でどのような指導をするのか，また審査部でどのような審査をするのかについてもともとは，あまり明確に定められていたわけではありませんが，主幹事証券の違いによる審査レベルの相違が新興市場に上場した企業による不祥事の多発を原因として問題となり審査項目がより明確に示されることとなりました。

しかしながら現状においても証券会社さらにいえば担当者によって問題点として指摘する内容は異なるのが現状といえます。

例えば社用車についてどこまでを認め，どのような場合には経営者の個人用として会社からの買取を要求するのかについても必ずしも明確になっているわけではなく，審査担当者などによってケースバイケースで判断が行われているように思われます。つまり通勤で使う常識的な車であれば認めるという立場と，個人の利用の可能性が少しでもあれば認めないとする立場があり，それによって対応が異なることになります。同様のことは社用の福利厚生施設などに関しても当てはまります。要はコンプライアンス違反と明確にいえないよう範囲の事柄でもあっても倫理的に考えて好ましくはないと考えられるようなことはあるわけで，そのあたりについてどこまで厳格に対応を求めるかは担当者の匙加減が残されているということです。ただし「良薬口に苦し」というように100年持つ会社作りを考えるのであれば経営者は自らも厳しく律し，経営風土に乱れが生じないようにしておくべきでしょう。

また，上場審査でよく使われる言葉であるところの「反社チェック」（＝反社会的勢力が事業にかかわっていないかどうかのチェック）についても申請会社自体がそのチェック体制をもたなければならないのですが，申請主幹事を引き受けるに当たって，証券会社はこの反社チェックを行います。反社チェックに関しては，各証券会社は独自の情報ルートなり株式会社エス・ピー・ネットワークなどの外部機関に委託して調査をすることとなります。しかしながら現状ではこの調査結果に関しても結果は必ずしも同じとならない可能性があります。

なお，上場主幹事を行っている証券会社は，大きいところも中堅証券もあり，また系列などもあることから，選択に迷うというケースもあるでしょう。もちろん様々な点を考慮して決定すべきでしょうが，一番大事なのは，担当者の熱意と対応ではないかと思います。よほど大きな会社でもない限り，大きい証券

会社でなければならないということはないでしょう。一方，証券会社から見ると提案だけはさせておいて，あまりに長期間決めずにさらにコンペのようなことをさせる会社は印象が悪くなります。程々で決める必要はあるでしょう。

このことに関連してバスタブ理論というものがあります。つまりIPOを目指している会社が，想定している資金はどのくらいか，証券市場全体を大きな池のようなものとして考えた場合，洗面器一杯分の水の量と変わらないかもしれません。それを池から汲んでも，バスタブから汲んでも変わりはないでしょうということで，よほど大型な会社のIPOでもない限り，小さな証券会社であってもバスタブくらいの水はありますよ，という比喩です。

また，何らかの事情により主幹事証券を変える必要が発生する可能性もないとは言い切れません。そのことを考えると，主幹事以外にも１社はある程度相談が出来る証券会社を作っておく必要もあるでしょう。

主幹事証券会社をいつ選定すべきかという点に関しては，ケースにより異なるでしょう。大型で複雑性の多い上場案件であれば，調整事項も多いので早めの選定が必要でしょう。上場直前期から見て３期くらい前でもよいでしょう。一方，中堅規模上場申請会社については，監査法人等の指導を適切に受けていれば上場直前期が開始する前に選定すれば問題ないと考えてよいでしょう。近年では，主幹事証券会社は一般的にマンデイト（主幹事宣言書）を入手すると引受部に上場指導をさせる対価として上場指導料を請求します。この金額に関してはケースバイケースのようですが，あまり早いタイミングで主幹事証券を選定しても，時期的にあまり具体的な指導内容がないにもかかわらず指導料を支払うことになってもお互いによくないということを考えると，選定の時期は早すぎても遅すぎてもいけないということがいえるでしょう。

なお，株式上場に関して主幹事証券の受け取る報酬は，上場時の株式引受け手数料が通常最も大きなもので，この額は上場時に市場で売却することを引き受ける株の引受け金額の通常７％ということになります。この７％相当額につ

第1章　株式上場についての考察

いては会社の費用となるのではなく，会社から上場時の放出株として証券会社が引き受けた価格が100円とすれば，公募価格を107円として7％上乗せした額で一般投資家に株を売ることによって証券会社の利益となります。このことから理解できるように，証券会社はIPOの規模が大きいほど，つまり時価総額が高く，かつ上場時の株式の放出割合が高いほど儲けが多くなるということになります。上場時の放出株が30億円であれば証券会社の手数料は2.1億円ということになり，3億円であれば僅かに21百万円となります。さらに主幹事証券の引受け割合は大型株ほど50％に近く，小型株ほど80％くらいに高くなるのですが，いずれにしてもサブ幹事とのシンジケーションによって引き受けますので，平均的に見れば総手数料額の70％程度が主幹事証券の取り分ということになるでしょう。そのように考えると，小型上場株の場合の主幹事証券会社の取り分は，その手間に見合ったものとはいえないために，前述の引受け指導料や上場できた場合の成功報酬を要求されるケースも多くなってきました。

　なお，サブ幹事をどのように決めるかという点についても注意が必要です。主幹事とサブ幹事の関係も重要です。通常主幹事の審査が終わってサブ幹事の審査といってもほとんど形式的なものとなりますが，場合によってはサブ幹事が審査によって降りることとなり，シンジケーションの構成に大変苦労するということもあり得ます。どのような証券会社がサブから降りる可能性があるのかは，ある程度推測可能と思われます。その場合どのような対応を取るのか予めよく考えてからシンジケーションは考えるべきでしょう。また昨今の個人投資家がネット証券を利用して売買をする傾向から考えると，幹事団にネット証券を加えるのは定石化しているといえるでしょう。

　2013年には，54社のIPOがありましたが，その内27社の主幹事は野村証券でした。それ以外では大和証券，みずほ証券，SBI証券がそれぞれ6社でした。このことから絶対数は，野村主幹事が多いことはわかりますが，野村の主幹事契約数は500社余りといわれており，大和，みずほもそれぞれ200社余り主幹事契約をしているといわれています。主幹事契約は将来3年内に上場を予定するということで契約するものですから，野村の場合，単純に考えて契約ベースで

は年間160社くらい上場してもよいはず，実際には27社ですから80％くらいは予定通り上場できなかったということになります。大和，みずほに関しても計算すると似たような話となります。一方，SBI証券は主幹事契約数20社程度に対して6社ですから，ほぼすべて出したということになるでしょう。もちろん先々のことはどうなるかはわかりませんが，それが2013年の状況です。証券会社は主幹事契約を結べば通常月額50万円くらいの引受指導料をもらうので，何年も上場できない会社はそれを払い続けるということになります。つまり主幹事証券を引き受けていても上場させる気のない会社というのも一定割合で存在するということです。

(2) ベンチャーキャピタル（VC）

　未上場会社に株式の購入という直接金融の形で資金を提供し，上場に至るまでのアドバイスや諸提案を行い，上場が達せられたら，株式を売却してキャピタルゲインを得るというのがベンチャーキャピタルのビジネスモデルです。このことを財力のある個人投資家が行う場合，その投資家をエンジェルといいます。

　日本にあるベンチャーキャピタルについて調べるには，経済産業省の外郭団体である財団法人ベンチャー・エンタープライズ・センター（通称VEC）のホームページのリンク先の中に，あいうえお順にまとまって見ることが出来ます。

　日本最初のVCであるJAFCO（旧日本合同ファイナンス）の投資戦略を見ていると，時期によって，絞り込んだ銘柄に集中的に投資を仕掛ける時期と，可能性がある程度あると判断された多くの銘柄に分散して投資する時期があると判断され，その傾向は他のVCに関しても基本的に当てはまります。これは最も大きく影響するのが新規上場市場の勢いであり，次に金融市場を含む経済界全体の勢いということでしょう。

　VCが資金を出資するに当たって，会社法上の株主の権利を超えた，会社の

経営に関する介入権を記載した株主間契約の締結を要求することがあります。これはアメリカなどで行われていたものが日本にも導入されたものですが，まともな会社から見れば介入し過ぎではと思われるような内容も記載されていることがあり内容の確認が必要なのですが，このようなことが行われるようになった背景には，VCからの資金が入ったとたんに，役員報酬を数倍にし，高級外車を乗り回すような不届きの経営者が存在したということがあります。

　また，上場後にVCが株を売却して利益を上げることに対して，騙されたとか，売らないで欲しいという経営者もいました（さすがに最近はいないかもしれませんが）。これは自らの勉強不足を戒めるべきで，VCは上場後に何時までも株を売らなければ自らの株主に対して背任になってしまう，そういう性格の会社であって，それは銀行からお金を借りておいて，金利を取るとはと嘆くような話と同じレベルといえるでしょう。

　実際にVCがベンチャー企業に投資したうちどれくらいの会社がIPOを達成し，VCがキャピタルゲインを得ているのでしょうか？

　この点については，時代によってもVCによっても異なるでしょうが，大雑把に考えて7社投資して1社くらいが上場できるくらいではないかと思われます。さらに7社のうち1社ないし2社が投資後2〜3年の間に破綻してしまいますが，まだ残りの会社が5社程度あることになります。この会社のことを業界ではリビング・デッドと読んでいます。つまり会社は生きているのですが，業績が泣かず飛ばずでIPOできない死蔵銘柄というわけです。

　ところで，日本のベンチャーキャピタリストは，自分がその情報網から発掘してきて社内の投資委員会を通して，投資することとなった案件に対して，自らも個人的に同時に何株か買うとしたら，イメージとして社業を通じて得た知識をもって，自らの利殖を図る行為であり，背任に当たるのではないかと考えられる可能性が高いと思われます。これは日本の会社人としては当然の倫理のように思われます。しかしながら，アメリカではむしろ，その案件の担当者が自ら自腹をはたいてでも買いたいような銘柄でもないものを会社の金だからといって投資するのかというように考え，そのようなことが容認されています。

このことは，会社勤めの優秀なベンチャーキャピタリストが大金を掴む可能性を示唆しています。そしてこれらの人たちがエンジェルにと変貌していくことになるのでしょう。

　また，ネットバブルの時期を経て，IT企業の中からCVC（コーポレートベンチャーキャピタル）といわれるものが会社の中の事業部であったり，別会社であったりと形態は異なりますが生まれてきました。海外ではインテル，グーグル，マイクロソフトなどが有名で，日本でもサイバーエージェント，GMO，KDDI，DOCOMOなどが展開するようになりました。

　これらは，単に資金提供するだけのVCと異なり，自社の業務と何らかのかかわりを持つか，持つことが予想される会社に対して，事業提携を前提として資金提供するようなもので，会社側から見れば，資金提供だけでなく事業そのものに関してもある程度面倒を見てもらうことを意味するので，将来が約束される意味が強いといえるでしょう。

　CVCの側から見れば，自社に開発部門を持つよりも，リスクを少なくさせ，より可能性の高いものを取り込むことが可能になるというメリットがあります。
　今後，日本経済が活性化していくためにはこのCVCが大きなカギになるように思われます。

(3) 監査法人

　監査法人の株式上場に当たっての役割は，上場申請に当たりその直前期までの2年分の財務諸表について監査証明することにあります。監査というのはそれを受け入れる側の会社に財務諸表の作成能力等を求めますので，通常初めての会社では準備期間が必要となりますから2年分の監査証明をするためには2年以上前から上場申請会社にかかわることが必要となります。

第1章　株式上場についての考察

① 監査法人の選択

　大手の監査法人の中には，株式上場関係の業務を中心に行っている部門と，中心に行っているほどではないが行っているという部門（担当者）と，国際的大企業や金融サービスあるいは官公庁関連事業体などに特化してサービス提供を行っているため株式上場関連業務はほとんど行っていない部門などに分かれています。当然大手監査法人がその大手であることによる付加価値を高めるためには数千人の構成員が様々なサービスに特化していく必要があります。その意味では今後もこのような傾向は強くなってくるでしょう。

　したがって，大手監査法人に任せるのであれば，IPO業務を専門に行っている人たちに任せるべきでしょう。

　一方，中小監査法人の中にも株式上場業務を得意としているところがあります。これは主としてその中小監査法人の担当者がかつて勤務した大手監査法人などで株式上場業務を経験していて慣れがあることが原因であったりします。

　かつてある弁護士が，弁護士というのは経験のない業務について依頼を受けた場合に，よほど忙しいか，専門分野の仕事でない限り，喜んでお受けしますといっておいて，その日に家に帰ってから勉強するんですという話を聞いたことがありますが，株式上場業務と公認会計士にも同じようなことがいえるでしょう。一度も経験したことがない会計士であっても株式上場に関して仕事の依頼があれば，大方はとりあえず引き受けてしまったりします。もちろん誰だって最初は経験のないところからのスタートとなりますが，周りに誰も経験者がいないとなると相当困難を伴うことが予想されると同時に，頼んだ会社も上場までの段取りやイベントなどがわからず，最も重要なのは実際に管理レベルを上げなければいけないとはいってもどのレベルまでが必要なのか，経験がないとその匙加減が分かりにくいため大変な苦労をすることになるでしょう。結果として非常に簡単に考えてしまっていたり，逆に難しく考えすぎてしまったりなどです。簡単に考えてしまった場合は上場審査の過程で原点に戻るような作業が多くなるでしょうし，難しく考えすぎてしまった場合は途中で挫折してしまうケースもあるでしょう。もっとも監査法人側に慣れがない場合であっ

ても，会社側に慣れた人間がいたり，コンサルタントなどによって補完される場合もありえます。しかし，実のところ監査法人側の慣れの中で一番重要なのは，継続的に監査を行っている会社ではなく上場準備会社のように新規に金融商品取引法に対応した開示を行う会社に対して，最初のレールを引く作業があって，それに慣れていることが必要ということです。

　経験がない方には分かりにくいかもしれませんが，前年度の開示があって当年度の開示を行うというのはマスを埋めるような作業に近いのですが，最初の開示を決めるためには，その会社の業務内容を十分理解した上で，同業他社等の会計処理なども考慮しながら決めていく必要があります。その際事業内容に新規性が高いと同様なケースの開示事例がないということもしばしば起こります。大規模法人の監査を通常行っている会計士は，そのような場合に経験がないことによって判断がつかなかったり，間違いを犯してしまう可能性が高いということがいえるでしょう。

　私も上場準備がうまくいかないという会社を紹介されて行ってみたところ，あることはものすごく細かいことまで対応していて，一方で重要な部分が全く手つかずであったりしたことを思い出します。大学入試でも似ているのでしょうが上場準備も要領が非常に大事です。重要なことから段取りよく準備していかないといつまでたっても終わりません。

　そして，監査法人側が上場の仕事に慣れていない場合苦労するのは，監査法人ではなく会社あるいは幹事証券会社だったりします。

　したがって，監査法人選択の鍵はやはり，株式上場の業務に慣れた熱意のある担当者を選ぶということに尽きるでしょう。また会計士だからといって安易に信じるのも危険です。中小法人の場合は特にその会計士の職歴や評判を確認しておく必要はあるでしょう。あまりに短期間に職場を変えていくような会計士（一般人と同様問題がある可能性大ですので）注意が必要です。

　ところで，監査法人の公認会計士の中には，株式上場の専門家と呼ばれる者がそう多くはありませんが存在します。これらの者は，新規上場時の監査報告書に署名しているものを調べれば分かりますが，その公認会計士がなぜ多くの

監査報告書に署名出来るのか（多くの上場会社を排出できるのか）について問われることがあります。

その理由はおそらく3つほどあるでしょう。1つ目はベンチャー企業等の未上場会社が好きで、そのことによっていろいろな人から紹介を受ける機会が多いということ。当然その会社に関わる業界に対する知識も豊富であることが要求されるでしょう。

2つ目は多くの未上場会社の上場を経験することによって、上場準備作業に関する適切な的を得た助言が出来るということ。的を射ない助言は振り回され労力を消費するばかりとなるから返って上場が遠のくということになるでしょう。

3つ目は適切な監査が出来るということ。重要な論点を見過ごしてしまっては、上場目前の審査で大きな問題となってしまうこともあるでしょう。一方で厳しすぎる監査によって、監査意見が出なかったりするのも問題です。ただし証券会社や取引所の審査が十分機能していない場合、監査が甘いことによって上場出来てしまった会社も中にはあるでしょう。監査が甘くはなかった会社でも上場後に問題を起こしてしまうケースはあるのですから、ましてこのような会社は上場後に問題を起こしてしまう可能性の高い会社といえるでしょう。

新規上場会社というのは最近監査を受け始めた会社ばかりなので、対象会社及びその置かれている状況を的確に判断して、適切な監査が出来るということは実は経験等がないと難しい内容であり、このあたりの安定感について主幹事証券会社等は監査法人の中でも誰に担当して欲しいか指名したりすることになるのでしょう。

主幹事証券から見れば上場準備作業が安定的に進められ、確実に上場が達成されるかという最も重要なことのキーを握るのは実は監査法人の担当者の選択であるともいえるでしょう。もちろんこのことは上場したい会社にとっても重要な選択なのですが、会社側が株式上場に習熟した担当者を選択し監査を依頼するというのは、それらのデータが十分開示されていない現状では困難でしょう。主幹事証券の審査部門の方の話を聞くところ、上場審査の中で最も重要か

つプリミティブな問題として申請を断念あるいは延期せざるを得ない事由は適切な監査ができていなかったことに起因することが多いといえます。

このような状況から主幹事証券のある担当者は，私のする重要な仕事はIPOを目指す会社に私の知っている会計士を紹介することに尽きるといった人がいます。これはある意味真実をついた言葉といえるでしょう。

監査法人で営業活動している者は少ないので会社に行くとよくバッティングすることがあります。私がある会社で仕事をしているときにT監査法人の営業がバッティングしたことがありました。そのとき会社にT監査法人の人が，小田さんが対応しているなら大丈夫だから安心して続けてください，と言われたと聞きました。敵にエールを送るとは，なかなか懐の深い人たちだなと思いましたが，一方で監査法人は違えども同じIPO業務を専門とする者同士という連帯感があるというのも事実です。我々が日本のIPOの活性と正常化を担っているという意識は，お互いどこかで共有しているといえるでしょう。

②　株式上場と監査の本質

監査の機能論として，従来から監査論の中では批判的機能，指導的機能，創造的機能の３つの機能があるとして論じられてきたところです。近年になり監査対象会社による不正や粉飾の発覚が相次いで，監査法人側の監査が十分に行われていなかったり，粉飾を見過ごしてしまったりした事例が出てきたことにより，金融庁の外郭団体として公認会計士による監査の遂行状況を監視するための組織として公認会計士審査会（CPAAOB）が設置され，監査の監査が行われるようになりました。

このような状況下で，監査人はその監査対象企業とは常に一線を引きその不正や粉飾を未然に防ぐべき機能つまり批判的機能の十分な発揮が社会的なニーズに合致しているように思われています。

しかしながら，そもそも監査とはそのほとんどを会社が入手した証拠に基づいて記録の正確性を検証するものであって，犯罪の捜査のように反面調査を行ったりするものではありません。そのようなことを行わないでも監査が入る

ことによって不正や，粉飾の大きな抑止力として機能していると考えられています。つまり現在の監査の方法には全ての不正や粉飾を防ぎ得ないという限界はあるものの，それらのほとんどのものは未然に防いでおり，かつ監査という社会的な便益を受けるための費用対効果という意味においてのバランスも重要といえます。監査の責任追及を強化し，そのためのレビュー制度を強化すれば，監査に対する社会的な費用負担はそれに比例して増大していくことも監査を受ける会社のみならず，マスコミや投資家は考えておかなければならないでしょう。もっとも監査報酬が高くなるのは，従来監査のレビューが行われなかったことにより低廉受注が行われてきたことへの反動でもあり，従来が監査という便益の対価としては低すぎたということも理解しておく必要があるでしょう。

　また，特に上場準備段階の会社などはそうですが，この数年間に行われた会計基準のグローバル化による複雑化，例えば税効果会計，退職給付会計，固定資産の減損会計，金融商品会計，企業結合会計，連結決算における支配力基準の適用，棚卸資産の時価評価，などの問題は非常に複雑な内容を含んでおり，公認会計士間や監査法人間においても解釈が完全に統一されているとまではいい切れません。

　つまりこのように会計基準の適用における解釈が難しくなっている現況下で，全ての開示対象会社が適切な開示を行っていくためには批判的機能というよりも指導的機能が有効であって，むしろその機能が生かされてこそ今までも上場企業の財務内容の適切な開示が促進されてきたということを考えるべきでしょう。

③　監査人の交代

　最近は時勢柄，監査人の交代の話が後を断ちませんが，会社側と監査人の意思の疎通に障害を起こしていると思われる事例が多くなっており，中でも十分な説明をしないままにある一定の処理しか認めないとする経験の浅い監査人の対応にベテランの会計士も説明が出来ず会社側が不信感を抱き，交代を考える

ようになるというケースがあります。このような場合，経験の浅い会計士のほうが正しいケースもありえます。最近は監査法人内でも従来容認してきた処理についてこだわることなく正しい会計処理しか認めてはならないという指導が徹底されているからです。しかし，このケースで問題となるのは，なぜそうしなければならないのかという十分な説明が出来ていない場合です。この説明責任は監査法人にあるというべきでしょう。ただし，半ばだめと分かりきっているような無理難題の主張を声高に主張し続ける経営者が存在するのも事実で，あまりに理解力に欠如するような経営者は監査を受ける資格そのものがないとしかいいようがありません（このように判断した場合，監査人は契約リスクが高いとして監査契約を締結しないあるいは更新に応じないなどの対応をとることが求められています）。

ただし，最近は会計のグローバル化の進展と共に今までよかったことがだめになったり，経営実態から考えれば容認できると考えられるような会計処理が認められなかったりするケースも増えています。したがって，会計処理の適用が厳しくなっている背景にこういった事情があること，しかも監査法人が受ける責任追及も厳しくなっていることから許容範囲が狭くなっていることを理解しなければなりません。

また，最近では，意見の齟齬や対応の悪さ以外にも，報酬の高さを理由に監査人交代を考える会社も増えてきています。実際に業界内で報酬に対する考え方が統一されているということはなく，成功報酬が禁じられていることくらいですから，実際のところ報酬額に大きな隔たりが生じる可能性は否定できません。特に上場準備会社は監査法人の受注状況にも影響を受けるので，報酬はますます透明性に欠ける傾向にあります。会社側から見て大事なことは，報酬額の合理性について説明を受けられ，納得できるかということでしょう。合理性なく高いのは論外ですが，合理性なく安いのはもっと問題です。大手監査法人の請求内容も確認せずに大幅割引などと称しているディスカウント法人は品質管理等いろいろな面で問題を含んでおり，依頼者側も問題に巻き込まれるリス

クがあるといえるでしょう。監査報酬の安さだけで決めてしまうことのないように注意いただければと思います。

　なお，監査人の交代については，監査基準委員会報告第33号（新しい委員会報告のナンバリングにより900となりました）に基づく引継ぎの実施が，当事者となる監査人に義務付けられていますので，前任監査人は後任予定監査人に対し会社の監査にかかわる諸問題を全て引き継がなければなりません。したがって，会社の業績が悪化しただけであれば後任監査人はすぐに決まるでしょうが，その他のリスクを抱えている場合には後任監査人が決まらない状態，最近の言葉で言えば監査難民ということになってしまうでしょう。会社側は監査人を選別しなければならないと同時に，監査人に問題会社と看做されることのないような対応をしておく必要があるということでしょう。

　ちなみに監査人の交代は，この数年間は年間100社から200社ほどの数となり，これを平均すれば20年に1回の割合での交代ということになります。したがって監査人の側から見れば，交代というのは滅多に起こらないものと考えていますので，7年ローテーション・ルールが始まったとはいえ，会社側の意図とは別に財産のように考えている面があります。会社側は，有価証券報告書において監査報酬の開示も始まっている状況下でもあり，適切なサービスと適切な対価という考えをよりしっかりと持つ必要があるでしょう。

　監査の歴史は，最も古い大規模会計事務所であるプライス・ウォータハウスが最初にロンドンに事務所を構えたのが1849年で以降160年以上は続いているもので，そのうち日本における歴史は戦後の昭和20年代からのものですから60年余りといえますが，そうした長い歴史の中で大きな粉飾事件が起こるたびに，監査を民間の公認会計士等が行うのではなく，国家権力を背景とした公務員が実施してはどうかという議論が行われています。しかしながらこの議論は160年以上も実現しないでいます。このことの本質は財務を適正に開示するということは，国家権力を背景に強制すれば正しくなるというほど単純なものではなく，民間のプロフェッショナルが指導と批判をうまく組み合わせてサービスを提

供することによってこそ実現するということが利害関係者によってコンセンサスを得ているということを意味するものといえるでしょう。

(4) 金融商品取引市場

　金融商品取引所は，利益追求を目的とする株式会社という性格と市場経済の秩序と調和を保つための調整機能を果たすという公共的な役割の2面性を持っています。市場での取引が活況となり，不祥事も少なく経済全体も上昇基調にあるような状況では利益追求的な面が表出し，市場間競争の激化，新興市場の開設，審査基準の緩和など，さらに活況を導くような施策が行われます。一方，不正や粉飾などの事件が続発し，また経済全体も停滞から下方局面に移った状況では，当局（金融庁等）からの指導などが行われ，既上場会社に対する監視，監督の強化と罰則の適用，新規上場申請会社に対しては審査の強化及び申請前段階における主幹事証券会社の審査への指導強化などが行われます。

　このように金融商品取引所の対応は市況に反応する面が多いといえますが，一方で審査基準の強化の歴史はかつて起こった不祥事を繰り返さないためにもぐら叩きのように強化されてきたという経緯があります。したがって，現在の審査対応は過去における歴史の集大成ともいえるでしょう。

　このことは会計監査における監査手続きの強化の歴史とも共通しており，最初から全ての過ち等を予見して規制することは不可能であり，このような対応は人間社会の発展を意味するものでもあり，過ちを繰り返すという人間の条理でもあり，そのために審査や監査が必要なのだと思います。

　さらに金融商品取引所の機能は徐々にグローバルマーケットに向けられるようになっています。イギリスが英語という言語の優位性を利用して金融を中心に経済再生を果たしてきていること，日本においても製造業の空洞化が進む中で金融などのサービス業のさらなる進化，発展が経済の牽引役となることが望まれるところですが，日本の金融マーケットがアジアの金融センターとなり得

るかに関してはまだ各金融商品取引所においても模索状態といえるでしょう。

① 東京AIM（東京PRO・Market）

　ロンドン証券取引所（LSE）は，AMのグローバル展開に際して，アジアの英語圏であるシンガポールを念頭においていたのでしょうが，シンガポール証券取引所（SGX）では，従来の新興企業向市場SESDAQに替えてCATALISTというAIMそっくりのプロ向け市場を独自の基準で作ってしまいました。そこで2007年からプロ向け市場の検討をしていた日本と提携して，東京AIMが作られる運びとなりました。

　東京AIMはプロ向けの市場ということで，それまでの市場が全て一般人向けということと比較して一線を画した内容となっています。

　東京AIMの特徴としては，上場準備の期間が短いということ（特に監査は1年でよいことになっている），上場後の開示義務が軽減されていること（四半期なし＝中間期のみ開示，内部統制監査なし，予測データの開示なし）ということがいえるでしょう。利用のされ方はこれからの実務で分かるのでしょうが，想定されるパターンとしては，次のようなものが考えられるでしょう。

1．民営化銘柄などの大型銘柄が先にプロ市場に出てある程度の期間価格形成された後に，本則（素人）市場に出るために活用する。
2．インフラ型のベンチャーなど初期に多額のリスクマネーを要するが，資金を集められれば工場などが出来て事業を開始できるような場合，その資金をVC等から供給を受ける前提として東京AIMに上場する。
3．M&Aのshow caseとしての活用。上場することにより決算が監査済みの形で開示されるので，信頼性が高くなり通常の未上場の会社より高い評価が期待出来る。買い手から見ても購入の判断がし易い。
4．新興市場（マザーズやJASDAQ，ヘラクレスなど）に上場を計画していた会社の選択枝としての利用。
5．海外の会社，もしくは日系企業であるが海外での活動が多い会社の場合，

あえて本社を海外として上場を考えるような場合。

なお，中堅上場会社の中には最近の開示制度の複雑化とコストの増加に耐えられなくなってきている会社も出てきており，そのような会社が完全に上場廃止を考えるのではなく，東京AIMに市場を変えるというのも1つの考えといえるでしょう。その場合，既存の株主が持ち続けたり，売却するのは可能でしょうが，取得するのはプロ投資家に限られるということにはなるでしょう。

2012年5月時点では，上場会社1社，上場申請会社1社，J-Adviserは7社となっています。2014年5月では実際にJ-Adviser業務を行ったのは上場会社6社のうち5社がフィリップ証券となっています。

なお，シンガポールのCATALISTは2007年12月に開設され，アジアをビジネス拠点とするベンチャー企業向けの新興市場という位置付けで，AIMより上場までの期間を短縮し（5～6週間），費用もAIMの3割程度にするということで，AIMの1,700社に対して当面160社の上場を見込んでいるとのことですが，09年5月時点で44社の上場会社が確認できます。見込みを下回ってはいますが，まずまずの出だしといえるのではないでしょうか。CATALISTの概要に関してはSGXのHPに分かりやすく記載されており日本語ページもありますのでご確認ください。日本の会社もスポンサー，上場会社ともに確認することが出来ます。なお，SGXへの日系企業の上場数は，メインボード7社，カタリスト1社となっています（2014年3月現在）。

なお，東京AIMは東証とロンドン証券取引所のJVでしたが，いい成果が見込めないということで提携の解消が進められ現在はほぼ同じ制度ですが，東証単独の運用による東京PROマーケットに名称を変更しています。

② グリーンシート

日本にはグリーンシートという市場がありますが，これはアメリカのピンク

第1章　株式上場についての考察

シートを模したもので，アメリカの金融商品取引所は上からＮＹＳＥ（ニューヨーク証券取引所）Nasdaq National Market（いわゆるNasdaq），Blue Sky（地方取引所），OTC Market（over the counter店頭市場　8カテゴリーがあり，Pink Sheetともいわれる）という順番になっており，ピンクシートは最下層に位置しています。ピンクシートの対象会社は，地方に根を張ったちょっとした会社，日本にも多いと思いますが地方の醸造所，お菓子メーカー，漬物屋などのイメージです。したがって，将来的に大きな会社になりたいと考えるベンチャー企業が目指す市場とは異なるということです。アメリカのこれらの取引所に上場されている銘柄の数は上に行くほど少なくなる形となっていますが，日本の場合は東証を頂点としてグリーンシートまでを考えると銘柄数は上に行くほど多くなるという逆転現象を起こしています。日本でグリーンシートがうまくいっていない理由は簡単で，関わっている人たちのメリットがあまりに少ないからです。会社は資金調達が僅かで知名度も上がらないのに開示等の業務負担が重く，証券会社は手数料が僅かで，監査人も報酬が低額とどこも得をしません。しかもグリーンシートに上場した会社は，譲渡制限をはずしたことによって株主となるものの中に反社会的勢力が入るのを防ぐことができないため，JASDAQ等の市場に上場する場合には，完全な未公開会社より不利になってしまうといえるでしょう。

(5)　株主名簿管理人

　従来証券代行業務といわれていた業務について2009年1月より株券の電子化に伴い会社に成り代わって電子化された株主名簿の書き換え，管理を行うということになり名称についても株主名簿管理人と称されることとなりました。
　従来この業務は信託銀行と専門証券代行業者のみが行ってきましたが，これらの業者の株式上場との関わり合いとしては下記のような内容が考えられます。
　１．株主名簿の管理業務を行う
　２．最初の一般株主を含む株主総会からの総会運営について指導を受ける

123

3．上場前の増資，新株予約券の発行など株式事務に関する指導を受ける
4．1．～3．以外の上場に関する様々な疑問に関する相談窓口となる
5．上場に必ずしも関しない事業提携，不動産関連などの相談に応じる

　基本的に1．以外にはあまり依頼する可能性がないのであれば，どこに依頼するかの決定は上場申請の直前期くらいでもよく，事前にいろいろ相談しておきたいのであればそれに応じて早めに，また対応力のあると判断されるところに決めるのがよいでしょう。

　主幹事となる証券会社には系列，あるいは関係の深い株主名簿管理会社があるので，相談すればそこを推薦されることになるが，同じ系列で決めるか，別の系列にするかについてはケースバイケースで会社が判断すべきでしょう。
　なお，株主名簿管理以外の会社法務に関するサービス，特に複雑な株式に関わる法律問題や株主総会の運営に関するノウハウを特に必要とするような場合においては，旧東洋信託，中央信託の現在の会社である三菱ＵＦＪ信託，三井住友信託にそれらのナレッジが多くあると思われます。もっとも専業会社といわれる東京証券代行，日本証券代行などについてもコストメリットもありナレッジも充実しつつあるようです。

(6) 証券印刷会社

　証券印刷会社については開示書類の電子開示の義務化や株券の電子化によって紙に印刷するという本来の業務は減じつつありますが，この会社の存在意義はそもそも紙に印刷するという事業にあるのではなく，金融商品取引法その他の法令，規則に定められた開示ルールに従って会社の開示書類が作成されているかについて校正すること，及び開示ルールに従って会社の開示書類がスムーズに作成されるように作成要領，作成の手引き，開示例，雛形を配布することにあります。証券印刷会社は，Financial Printerといわれ，日本では事実上宝

印刷とプロネクサスの2社から選択する状態となっています。

　開示書類の作成が難しくなっている現状では証券印刷会社の開示に対する指導的役割の意義が高まってきているといえます。

　上場準備の段階で証券印刷会社の会員になっておくとこうした資料のほか，研修への出席が可能となるので，早めに対応しておくことが望まれます。

(7) 銀行，その他の金融機関

　かつて銀行マンは株式上場が資本市場からの資金の調達を意味するところから特に信用力のある会社については借入れの返済につながっては困るということから上場について消極的であることもありました。

　しかし，上場会社が非常に増えたことによって，優良会社であっても競争力の面から上場を考えざるを得ないような状況になってきて，銀行は，むしろその一大プロジェクトに当たって中心的役割を演じ，飛躍的に規模が大きくなった後の会社と強い取引関係を確保したいと考えるようになりました。

　銀行には将来有望な会社は小さいうちに恩を売って将来大きな取引につなげるという考えがあり，この成功事例としてよく松下電器と住友銀行の話が引用されることがあります。最近ではソフトバンクと第一勧銀の例も有名でソフトバンクは本社が移転してもわざわざ恩を受けた支店との取引を継続しているという話が伝えられています。このように考えて，将来有望と目されるような会社に対して銀行マンは当面の利益を考えずに取引先企業の紹介などをしてくれることがあります。ただし銀行の未上場会社に対する方針は銀行によってまたそのときの方針によって異なることになり，伝統的にベンチャー企業の発掘に非常に熱心だった銀行もあります。

　一方，生命保険や損害保険などの金融機関もほとんどの会社が系列VCを有しており保険契約獲得のための情報網を生かして優良企業の発掘に努めています。これらの会社も銀行同様，将来大きくなったときを考えて当面は採算を考えずに情報提供などの事業協力をしてもらえる可能性があります。

これらの教訓から考えて，上場を考えるような会社は金融機関の営業マンを味方につけて，社外からの協力をうまく得ることが成長のためには是非とも必要ということですが，そこで受けた恩は成長した後には何倍にもして返すことによって，恩に報いる必要があるでしょう。このような行為は社外の人間も必ず見ていて，義理堅い会社という評判になり，その後の取引を有利に繋げていくことが可能となるでしょう。またこのような行いは，若手でやる気のある金融マンを刺激し，ベンチャー企業に対してもよい効果をもたらすことになるでしょう。逆に上場後に尊大となり，未上場の際にお世話になった金融機関を大事にしないと，上場後に厳しい資金状態となったときに，どこも助けてくれないということになる可能性が高いといえるでしょう。

(8) 金融庁

　金融庁の上場有価証券等に対する開示規制は，発行開示と流通開示に分けられ，財務局の中でも担当課が分けられています。従来，企業が有価証券を発行する場合の開示規制である有価証券届出書の提出に関しては，届出制であるにもかかわらず，主幹事証券が事前に提出して，証券会社，発行会社，監査法人がそれぞれ財務局に呼ばれヒアリングを受けていました。また，質問に際して事前に数十問程度の質問をFAX等で送付されることもありました。質問の内容は監査法人に対しては，監査概要書のドラフト（これも事前提出書類）を見ながら，具体的にどのような監査が行われたのかというような話が多かったと思います。発行会社に対する質問は，開示書類の数字の整合性などに関する内容が主で，これは証券会社の審査部と同じ視点ともいえます。なお，かつての指摘の中には目論見書の中に使われる写真がきれいに取れすぎているので変えるようにというようなものもありましたが，最近では有価証券届出書に関するヒアリングは行われなくなっています。これは将来的にどうなるのかは明確ではありませんが，西武鉄道の大株主に対する虚偽記載があって，流通銘柄全体を対象とする開示の点検が行われたこと，公認会計士の監査に対するチェックに

第1章　株式上場についての考察

関しては，発行開示の際にヒアリングによらずともCPAAOB（公認会計士審査会）を通じて恒常的に行われていること，などによって行われなくなったように思われます。さらにいえば，この数年金融庁は処分官庁といわれるほど，証券取引所や証券会社，監査法人等に対し処分を行っていますので，そのことに注力せざるを得なかったとも思われます。

　なお，この数年の制度改正は小泉内閣のときからの影響からか，ほとんどアメリカの制度に準じた形になっています。CPAAOBもアメリカのPCAOBに倣ったものです。また金融庁の外郭団体としての企業会計審査会のさらに下部組織としてASBJ（企業会計基準委員会），FASF（財団法人財務会計基準機構）が出来，これらが毎月のように次々と新しい会計基準等を公表しています。これはアメリカのFASBを模倣した組織といえるでしょうが，もっぱら会計基準を作成するための組織を作ったためアメリカでもFASBが出来てから会計基準が大量に作成されたといいますが，日本も同じ道を歩んでしまっているということでしょう。ただし今後はIFRSに統一されていくことになるので，これらの委員会も役目を終える日が近づいているということでしょう。

　また，企業会計審議会の下には内部統制委員会というものもあり，そこが主となってJ-SOXの制度が導入されることとなりました。日本の経済社会は内部統制が必ずしも十分でないくらい業務範囲を幅広く1人がカバーすることによって効率的な業務処理を達成してきた面があり，このような制度を強制的に導入することは，日本のよさを失わせ全てにおいてアメリカ追従型の社会にしてしまうおそれがあったのですが，この制度は内部統制委員会の面々により議論された上で施行されました。確かに日本の会社にあってもグローバル化しているような会社に関しては，内部統制の強化は必要であり，上場会社であれば小規模の会社といえども自社の内部統制に関して，しっかりと考えてみるよい機会ともなり，導入することによるメリットは少なからずあるということを実感としても思います。

　しかしながら，各界からの反発も強く，金融庁から出された3回のQ&Aに

よって，当初の考えよりもずいぶん緩い制度運用が行われることとなりました。この点についてもアメリカのSOX法の運用が年を経るごとに緩くなってきていることに近いのかもしれません。

① 監査実務委員会報告第68号と日本のIPO実務

　日本のIPO実務は，JASDAQの開設と共に進化してきたものと思われます。つまり1984年頃からということになりますが，その進化の中でおそらく，日本の社会風土，訴訟がほとんど起こらなかったこと，株式上場に際して監査人が経理処理や資料作りを通じて，相当な支援をしてきたことなどを背景として監査法人の役割が大きくなってきました。一方，アメリカなど欧米では訴訟社会ということもあって，リスク情報の開示充実もあり，IPOにおける外部の主体的役割は法律事務所が果たしてきました。このことは株式上場の実務本を日本では監査法人が主に出版しているのに対し，欧米では法律事務所が出版していることでも明らかです。このような制度発展の過程を経て，日本では主幹事証券，証券取引所，金融庁などが，監査法人に対するヒアリングとして個別的な監査の方法と結果，個別の会計処理に対する意見，場合によっては取締役や監査役の資質に関する評価まで聴取するということが実務として行われてきました。

　しかしながら，監査実務委員会報告第68号は，会計処理や監査実務のグローバル化の影響下において，いかに監査の目的に照らして合理的な対応を行い，業務から発生するリスクを低減するかという発想で作成されたものであります。

　現状では主幹事証券に対する金融庁の指導の中に監査法人へのヒアリング等の実施があるため，質問書及び面談のやり取りは行われていますが，この委員会報告によって，文書及び口頭でも，個別的な手続きの結果による心証等を証券会社等に伝えてはいけないということは，実質的に監査法人に対してヒアリングすることの意味を大きく損なう結果となってしまったということがいえるでしょう。

こうした対応は，監査法人のリスクをできる限り減らすという趣旨からは，理解できるものでありますが，監査人が資本市場の健全な成長に資するという社会的役割期待から考えた場合はむしろ反してしまうとも考えられます。

 そこで，この委員会報告を踏まえながらも，主幹事証券のヒアリングが無駄にならないためには，事実と一般的な判断を示すことによって，個別的な意見を述べないものの，ヒアリング担当者が個別的な判断をできるよう対応することが望ましいといえるでしょう。

第 2 章

株式上場のための
ショートレビューと審査の項目

第2章　株式上場のためのショートレビューと審査の項目

　監査法人は，新規の会社でIPOに関する業務を進めるに当たって，まずその会社の現在の状況について経営者等から聞き取り調査を行い，上場審査の観点から考えて解決すべき課題がどれだけあるのかという洗い出しを行い報告書にまとめます。この短期調査をショートレビューといいます。

　監査法人にとってショートレビューは，その会社の将来性と，監査の受容可能性を同時に判定できるものであり，この調査を行わずに監査契約等の先のステージに進むことは通常ありえません。

　会社側にとってもショートレビューによって課題の内容を鳥瞰図的に整理して示されることによってIPOまでの道のりが漠然としたものから到達点までの地図が示されることになり把握しやすくなるでしょう。主幹事証券の引受けの判断，VCにより投資判断に関してもこのショートレビューが大きな意味を持つことが多いといえるでしょう。

　ショートレビューは監査法人が仕事を着手する前の現状把握として行われるものですが，内容的には上場準備業務のほとんどを含んでおり，この内容を理解することで，上場準備作業の全容を理解することが可能と考えられます。その意味でここでは掘り下げて述べていきたいと思います。

　監査法人によるショートレビューには，通常以下のような6項目が含まれています。

1．経営管理組織及び法令順守に関する状況
2．事業計画及び予算の策定管理状況
3．内部管理体制及び内部統制に関する状況
4．会計管理体制及び会計処理に関する状況
5．関係会社及び特別利害関係者の状況
6．資本政策に関する事項

以下では，具体的なショートレビューにおけるヒアリング項目とそれに関する解説を試みました。経営者及びショートレビューを受ける会社の方々は事前事後の参考としてご覧になればよいでしょう。監査法人の人はヒアリングの参考となるでしょう。また証券会社等については初期デューデリジェンスにおける確認事項として，あるいは監査法人の基本的な調査内容に関して理解するという意味で利用可能かと思います。

　ただし，実際のショートレビューに当たってはその会社特有の事情があることも多く，その場合はここに書かれていない内容であっても別に考慮する必要があるでしょう。証券会社のデューデリジェンスは監査法人のショートレビューと比べた場合，より営業的な内容，将来的なIRを踏まえたアナリスト的な視点からのアプローチがとられることになるでしょう。また，証券会社や担当者による違いもあるでしょうが，一般的には事業計画に対する詳細な検討が行われること，資本政策について会社設立から現在までと上場までの予定について詳細な検討が行われること，反社会勢力との関係について会社側の協力の下に詳細な検討が行われること，関係会社の整理や特別利害関係者との取引の解消などについて明確な方向性を指示されること，などが異なるといえるでしょう。

1．経営管理組織及び法令遵守に関する状況

・　株主名簿の適法な管理，特に相続などによって名義株主と実質株主が相違するようなことはないか。かつて株券を発行していた会社等で株券の紛失によって実質株主が分からなくなっているようなことはないか。特に定款による株式の譲渡制限をしていなかった時期のある会社については不明株主の存在の有無について慎重な判断が必要でしょう。

- 株主総会について，招集通知・総会運営・議事録の整備保管が適切に行われているか，定款の変更，特に譲渡制限や役員の報酬限度額の定め，取締役会，監査役，会計参与などの統治機構に関する定め，役員の改選などが適切に行われ，登記簿と一致し登記忘れ，遅滞などが発生していないか。なお，原始定款から現在の定款に至るまでの改定の経緯と総会の議事録に関してはファイルし，また株主総会の議事録に関しては会社法の定めにかかわらず設立以降永久保存すべきでしょう。

- 取締役会の運営について，法定決議事項の網羅と開催周期3ヶ月に1回以上の合法性（会社法363条2項2号），議事録の整備保管状況などに問題はないか。特に増資などの重要事項に関する決議漏れや，取締役の自己取引や協業取引にかかわる承認決議が漏れている場合，株式上場後に新たに株主となった者が上場前の期間に関しても株主代表訴訟の提起が可能であるため（時効は7年）特に細心の注意が必要です。また取締役会議事録は法定備付期間10年の定めに関わらず永久保存すべきでしょう。なお平成18年施行の会社法上，定款による株式の譲渡制限を付している会社（非公開会社）については定款の定めにより取締役会の設置が任意になっていたり，取締役の人数も1名以上，任期についても10年以内など譲渡制限を付していない会社（会社法上の公開会社）と比較して自由度が高くなっていますが，上場審査の対象期間である直前2期間においては上場会社と同様の運営が行われている必要があることから会社法の定めに関わらず取締役会の運営は行われている必要があると考えておくべきでしょう。

- 取締役については，オーナー一族の利得を優先した会社運営を回避するためにオーナー一族が過半を占めないこと。取締役会が機動的に運営できるようにするため常勤者で過半を占めるようにすること。社長は全般管理者である必要があることから，技術であるとか営業であるとかなどの担当業務を持たないこと。各取締役の職務遂行状況が上場会社の取締役に相応しい内容と

判断できること。つまり同族関係者が単に経理出納業務を行っているのに取締役などとなっていないこと。全ての取締役について会社は詳細な経歴を調べ，経歴詐称の有無，反社会勢力との関与の有無を確認する必要があります。この調査のレベルは学生時代のアルバイト先や家庭教師をした場合その相手の家族のレベルまで考える必要があります。

　なお，オーナー家とそれ以外の取締役が２：２であってもそれ以外のうち１名が非常勤である場合などは実質的にオーナー家によって取締役会が牛耳られていると判断され，その場合は幹事証券会社や上場申請取引所などによって取締役の追加選任等の指導が行われる可能性もあります。また各取締役は業界を規制する法令等や会社の取締役として必要な法令等また上場に際して金融商品取引法に関する法令等の知識が必要となり，特に情報開示担当取締役に関しては会社情報開示に関する諸法令について詳細な知識が必要となることを理解しておかなければなりません。なお，平成18年の会社法施行以降は定款による株式の譲渡制限の有無と資本金，負債の額，委員会の設置の有無によって会社は区分されることになりましたが，区分の変更は役員の責任の範囲等ガバナンスにも影響することから全ての役員（取締役，監査役）が任期にかかわらず辞任し選任し直すことが必要となります。

　なお，監査法人では重要な虚偽記載や不正のリスクに関する監査手続きの一環として経営者に対するヒアリングを実施します。その中で過去における不正の有無を確認するのですが，中には全くないといわれる経営者もいます。しかし，全くないという経営者について実は監査法人は警戒することになります。つまりその経営者は嘘をついているか，あるいは現場の実態について適切に報告を受けていない（裸の王様），もしくはこの会社の内部統制が全く機能していない，などの可能性が高くなるからです。むしろあるといわれてその不正の内容を詳細に説明出来たりすると，そこまで管理しているのかということで安心するものです。もちろん不正の内容には商品，資材の着服のような分かりやすいものだけでなく残業や出張費の水増し請求なども当然含

第2章　株式上場のためのショートレビューと審査の項目

まれます。どのレベルのことを管理職レベルが不正と認識し報告するかは社長の不正に対する考え方に大きく依存してきます。社長が常日頃から公私の区分を明確にし，実態は自家用車であるものを社用車としたり，秘書を私用で使ったりせず，小さな不正も絶対に許さないということを口に出し，態度で示していれば自ずと管理職レベルもコンプライアンスを意識してきます。そしてこのような環境を作ることが良好な内部統制環境であるためには必要とされているのです。

　ベテランの監査人は10年近くも社歴がある会社で不正に類するものが何もないというようなことは稀であるということを知っています。自分の会社には不正がないと思っている経営者はもう一度よく考えてみる必要があるでしょう。

・　監査役について，特に常勤監査役に関しては取締役によるコンプライアンス違反を本当に阻止することが出来るような人物であるかどうかについて，その経歴，監査役としての執務状況などから上場審査において厳しくチェックを受けることになりますので，選任の段階からその点を十分考えておかなければなりません。監査役は会社法に定められた監査役の権利と責任の条項を理解し，取締役による法令・定款違反が行われていないかについて，取締役会への出席，重要契約書類等の閲覧，代表取締役，顧問弁護士，監査法人等へのヒアリング，工場，倉庫，営業所などの現場視察，現場での管理書類等のチェックなどによって計画的に監査を行い，その実施内容の妥当性について説明出来る必要があります。上場審査においては具体的には取締役会への主席，発言状況，監査の実施状況に関する確認などが行われます。上場審査時に取引所の審査担当者から監査法人の担当者に対して，監査役の資質や監査法人との連絡状況などが聞かれることもあります。

・　平成19年10月の東証上場規則の改正によって上場会社には，取締役会，監査役会（又は委員会），会計監査人の設置が義務付けられ，これに伴い会社法

上の大会社に義務付けられていた会社法上の内部統制システムの導入も必要とされることになりました。この改正は平成20年10月までの経過期間を経て実施されました。

・　内部監査担当について，監査役の監査が取締役の職務遂行における適法性を問題としているのに対し，内部監査は全般管理者である社長の代わりに会社の業務遂行全般が諸法令，社内規程類に則り適正に行われていると共に業務の効率性が確保されていることを確認し必要な改善を行っていくことを目的とします。

　社内規程類は業務を効率的に推進すると共に，業務の中から発生する不正や誤謬を未然に防ぎ，会社の記録の正確性を保持し，かつ財産の保全を図るという内部統制について文書化した書類でもありますので，内部監査はその目的の中に内部統制の有効性につての検証と確保が含まれていることになります。

　したがって，内部監査担当は経営者による内部統制の監査制度における実施窓口となり得る可能性のもっとも高い部署といえます。もっとも内部監査と内部統制の監査はそれぞれ別々に実施する必要がありますから，内部監査については計画，実施，報告，改善の全てのフェーズが適切に行われたことを上場審査において立証できなければなりません。また内部監査自体が内部統制に含まれるということからすれば，内部監査が適切に行われてこそ良好な内部統制を維持できるものといえますが，そうなると内部監査が適切に行われているかどうかを内部監査部門が監査するというわけにはいきません。

　したがって，内部統制の監査について内部監査部門が窓口となる場合は内部監査の遂行状況を監視する意味で取締役，監査役等により内部監査の評価が行われる必要があるでしょう（内部監査評価委員会などの設置）。そうでなければ内部監査部門と内部統制の監査部門を人的にも分けて組織する必要があるでしょう。上場会社あるいは上場準備会社において大規模法人については本来の内部監査業務だけでも相当なボリュームになるでしょうから組織を分

けるべきでしょう。一方，内部監査業務だけでは1人分の業務にも満たないような小規模な上場準備会社などでは内部統制の監査業務を兼務することで始めればよいでしょう。

(1) 経理担当部署について

　経理担当部署においては，株式上場後に適時，適切な情報開示が行えるかどうかについて未上場段階からその体制が出来ているかどうかについて，主幹事証券会社審査部が上場申請資料や質問書に対する回答などから判断します。

　したがって，これらの資料について第三者に作成してもらおうと考えるようではそもそも上場する資格はないということになります。自社でその能力がある者がいないのであれば採用を考えるべきです。ただし，最初のⅠの部の作成についてのみ第三者から指導を受けるというのであれば許容範囲といえるでしょう。

　また，証券印刷会社において適切な開示を行うためのセミナーの実施や諸資料の配布を行っており，これらは有効に活用出来るでしょう。上場後に適時開示に支障をきたす会社の多くは上場前に自力で十分な開示体制を作れなかった会社で，それに会社買収による連結決算が加わると開示で上場の維持すら困難な状況を招いてしまいかねませんので十分注意が必要です。

　内部統制の監査制度では，特に財務報告に関する内部統制を求めており，このためには上場会社の財務報告に関する詳細な知識を有するものが最低2名社内に必要であることを意味することになります。つまり，作成者と査閲者です。査閲は監査法人にと考えていた会社は重要な意識変革が必要です。上場前後の会社において監査法人は会社の作成した資料にある程度の誤謬があることについては日常的事象として捉え，それを適切に修正してもらうことによって適正な監査証明を付せられる財務諸表等としてきましたが，財務報告に関する内部統制の監査制度では，会社が作成した財務報告に関する資料に監査法人がその監査の結果として修正が必要ということになると，会社の財務報告に関する内

部統制に不備があるということになってしまいます。つまり，監査法人に提出した財務報告に関する資料について軽微なものを除いて修正が必要であってはならないということです。このことは上場済みの会社もこれから上場を目指す会社も経営者自身が確実に理解しておかなければなりません。

　なお，経理部門の内部統制については従来不正を回避するために出納業務と記帳業務の分離ということが必要とされこのことも確実に行わなければなりません。ちなみに在庫管理部門と購買部門あるいは販売部門が区分されていない場合も理屈の上では同じカテゴリーに入る不正が行われる確率が高くなります。つまり現物の着服です。さらに現物を管理している部署に対する牽制としては，現金残高の日次検証，預金残高の月次検証，在庫の実地たな卸高と帳簿残高との突合などがあります。これらは日常的に管理していない部署によって行われて始めて意味があるのです。在庫の実地たな卸しに関しては，手間がかかるために最低限の回数だけ行おうとしがちですが，これは精度の高い会社にのみ許されていることであって，在庫の受払い記録の制度が十分でない会社（例えば実地たな卸しと帳簿残高の差異が1％未満に収まらない会社）については制度が高くなるまで原因追求のためにも実地たな卸しの頻度を上げていかなければなりません。

(2)　総務担当部署について

　管理本部の下に総務部と経理部しかない会社を想定すると（上場準備の会社はほとんどがその程度であるが）総務部の担当業務は大まかに分けても以下のようになります。

　法務，文書管理，役員秘書，庶務，人事（採用，考課，就業管理，給与等），
　広報

　これらのことを日本の会社を代表する会社として選ばれる上場会社が，その名に恥ずかしくないレベルで実施していくことを考えた場合，何名程度のそれも専門的な知識を備えた者が必要か想像がつくでしょう。中でも会社の法律問

題全体を所管する法務と人事労務に関する問題全体を所管する人事は，会社を巡るコンプライアンス（法令遵守）の要となる部署であり重要性が高く専門性も高いため，人材の確保を早期から考慮すべきです。

(3) 経営企画室について

　上場を目指すとなると，日常業務を追っている部門では対応が困難な業務が大量に発生します。例えば事業計画（ビジネスプラン）の作成，上場申請書類の作成や質問への回答などがあります。従来はこれらの業務を上場準備室という名称で行うことが多かったですが，ここで行う業務は上場後のIR業務に直結していく内容であり，そのように考えると上場前後を通じて経営企画室という名称で行うのが適切でしょう。従来この部門が内部監査を所管していたケースが多いですが，内部統制の監査導入によって内部監査部門が専門的な対応として独立する必要性が高まったため経営企画室については，よりビジネスプランの作成と実績管理に重点が置かれた部署ということになるでしょう。

2．事業計画及び予算の策定・管理状況

　事業計画には，マーケット分析と事業戦略が分かりやすく述べられると共に費用も詳細に検討して実現可能性の高い説得力のあるものを作成できなければなりません。もちろん上場を考える以上事業は右肩上がりに拡大していく計画である必要はありますが，そのことを意識し過ぎて根拠性の乏しい数字を積み上げる経営者が多すぎるのが現状です。
　努力目標として20％売上を増やすというのは分かりますが，何をどうすることによってそれが達成されるのか説明出来なければ説得力はありません。
　監査法人によるショートレビューでは事業計画の信憑性については深く立ち

入りませんが，主幹事証券会社の初期デューデリジェンス（詳細調査）はその会社の株式が投資家にとっての商品価値を持つものなのかどうかについて，その業界に詳しいアナリストを用いて詳細なヒアリングを行い実施することになります。

このように上場準備の初期段階において事業計画を客観的な事実に基づく精度の高いものとし，自社のポジショニングや事業戦略を明確にしておくことが，上場後自社株を正当に評価してもらうための活動であるIR活動に発展，昇華していくことになるのです。

同じ業界でしかも業績の伸びなどもほぼ同じような会社でありながら株価，特に1株当たりの利益の何倍で株価がつくかという指数であるPERの数値で2倍近く差がつくことがありますが，このような場合，事前に業績の伸びを合理的に説明出来たか，合理的とは思われないような説明しか出来なかったかの差が株価の差になって現れている可能性が高いといえるでしょう。結果が同じような業績であった会社であっても，投資家の心理としてなるほどこの会社の業績は伸びるはずだという説明をしてくれる会社と，単に頑張りますみたいな会社では当然前者の会社の方がローリスクに感じるわけですから結果として株価も高くなるわけです。上場する企業の経営者はこのように株価は結果だけでつくものではなく，自社を客観的合理的に分析してその上で納得できるような数字の積上げによる成長のストーリーを示すことが結果として株価の適正な形成につながり成長資金の確保にもつながるのだということを理解しておく必要があります。

特に創業ベンチャーにありがちなのは，資金調達のためにIPOを目的としていながら，事業計画を見ると上場直前においても研究開発費を除いた販売費及び一般管理費（いわゆる本社費）が年間で2億円にも満たない計画を策定してくる場合があります。上場企業としてのガバナンス，内部統制を整えるために常勤監査役と内部監査担当者，複数の開示担当者など上場企業レベルの人材が必要となりこれらを加えた管理部門の人数は最低でも10名程度必要となります。

第2章　株式上場のためのショートレビューと審査の項目

当然社内コストは上昇し，監査法人など外部への費用負担も必要となり，これらを考慮するならば，月額20百万円以下で対応できる可能性は極めて少なく，上場に際してコストコントロールが非常に大事とは言っても負担すべきものは負担しなければゴールに辿り着くことは出来ないということです。

ショートレビューに際して事業計画に関しての検討ポイントは，以下のような内容となります。

- 部門別，製品別など適切な事業区分が行われているか

　この事業区分は投資家への情報開示，IRを行う際の事業区分と等しくなります（もちろん社内資料のほうが詳細であることは構わないし，そうであるべきでしょう）。そのため，変更は簡単には出来ないし慎重に考えるべきでしょう。

- 数値の積上げについて根拠性が高いか

　この点に関しては新しい会計基準の適用による影響も適切に踏まえておく必要があります。

- 中期事業計画は3～5年で作成し当初の1年分は月次に分解された年度予算の合計に一致しているか

　設備産業など事業のサイクルが長い会社は計画期間も長めに，そうでない会社は3年程度で問題ないでしょう。

- 中期事業計画は1年経過するごとにローリングして最新の計画として作成されているか

　3年前に作成した事業計画を振り返って検討したいのでローリングしたくないという会社があるが，常に新しい正確な情報を持って向こう3年間を予測するために，そのような場合でもローリングは必要です。ローリングして作成するということは3年前に作成した事業計画を破棄するということを意味するわけではありません。

- 年度予算は部門別，月別に作成され月次の予算実績比較が翌月の月半ばまでに取締役会において報告・検討されているか

    月半ばというのは翌月の半ばを過ぎてから検討して対策を考えたのでは，対応が遅くなるという趣旨です。

- 上記の月次予算実績比較において予算との乖離が一定の基準を超えた項目については差異分析が行われているか

    一定の基準は会社の事業内容によって判断すべきであるが，主幹事証券審査部によって指定される場合もあります。その際，業績修正との関連で低めに設定されることもありますが，全ての差異について同じトーンで分析するのではなく，重要な差異について正確な分析を行い経営判断に誤りがないようにする必要があります。

- 年度予算について実績値が相当乖離した場合における予算の補正についてルールが決められているか

    特にこの点に関しては上場後，業績修正の開示が必要となるのが売上で10％，経常利益，税引前利益で30％と定められているので，少なくともそのレベル以内で適時，補正が必要となります。

3．内部管理体制及び内部統制に関する状況

・内部統制の全般統制に対する対応

「財務報告に係る内部統制の評価及び監査に関する実施基準」の中に例示列挙された全般統制に関する42項目に関して会社の対応状況を聴取する（初期段階では42項目の主なものだけでもよいでしょう）。

第2章 株式上場のためのショートレビューと審査の項目

- 反社会勢力との関係に関わる内部統制について
 上場基準の2008年改正により上場会社が反社会的勢力に関係している事実又は公益に反する業務を行っている事実が判明し，かつ，その内容が重大であると取引所が認めた場合には上場廃止となりますので，上場廃止基準に抵触するような会社は最初から上場できないということになります。

- 反社会勢力と過去から現在に至るまでの間に何らかの関係があったことがあるか
 今まで調査等を行ったこともなく注意もしてこなかったので関係があったかどうかは調査時点では分からないというケースもあるでしょう。

反社会勢力に関係している事実に関してJASDAQでは以下の3つのように定義しています。

(1) 上場会社関係者（上場会社，上場会社の親会社等及び上場会社が他の会社の関連会社である場合の当該他の会社，上場会社の子会社，上場会社の特別利害関係者）のいずれかが暴力団等反社会的勢力である事実
(2) 暴力団等反社会的勢力が上場会社の経営に関与している事実
(3) 上場会社関係者が暴力団等反社会的勢力に資金提供その他の行為を行うことを通じて暴力団等反社会的勢力の維持もしくは運営に協力もしくは関与している事実又は上場会社関係者が暴力団等反社会的勢力と交流を持っている事実

- 反社会勢力との関係調査についてのJASDAQ事前申請に関わる提出書類をすでに作成しているか，さもなければすぐに作成が出来るか

具体的にJASDAQの上場申請のための事前資料に記載が求められている内容は，次の3項目です。

    1．ビジネスプラン
    2．リスク情報等の案文及びその記載のために検討した内容
    3．暴力団等反社会的勢力との関係について調査した内容

　この中で３．については(1)調査範囲，(2)調査方法，(3)調査結果について記載し，また日頃，反社会的勢力が介入しないための取組みについての記載も求められています。反社会的勢力に関しては，非合法ではなくとも問題のある行動をした者を広く捉え，上場会社が問題を起こすことを事前に防止しようとするための規制といえます。

(1) 販売管理

① 見積書の発行は適切に行われているか
・　見積り依頼があって見積書を提出するまでの期間は妥当か
・　見積り金額，支払い条件，見積りの有効期限など必要事項は記載されているか
・　作成者，承認者は（控えに）適切に記載され権限の問題はないか
・　見積書の提出先が新規の場合，信用限度額や反社会勢力とのかかわりなどを調べているか

　見積書に限ることではありませんが，全ての会社が発行する書類にはユニークな番号，一般的にはシーケンシャルコントロール（連番管理）が行われていてその番号を基に何時誰に発行したものか分かるようにしておく必要があります。このことは相手先による偽造を困難にし，社内においても不正を困難にする効果があります。

② 注文書の受領は適切に行われているか
・　注文書，契約書など受注を確定する証憑は適切に受領され保管されているか

なお，本来文書で注文書を発行してもらうべきですが，webを利用した受注，e-mailを利用した受注，faxを利用した受注に関してはケースによって認められます。ただし，電話による受注に関して後日問題となるケースもあり得るので慎重な対応が必要です。特に電話でなければならない理由が明確な場合（例えば現場からの緊急を要する発注）以外で例えばソフトウェアの外注業務の発注などに関して正式な注文書がない場合は，現場担当者の先走り発注である可能性も考えられ後日トラブルの発生が想定されます。したがって，正式な注文書がない受注内容に関しては仕掛品の計上を取りやめ，また先方から残高確認の回答が得られなかった場合は売上の取消の処理が必要と考えられるケースもあります。

　注文内容には，サイズ，色，納品期限その他必要な仕様が含まれていて，提供すべき商製品あるいは役務の内容が明確になっているか。また金額，支払い条件等について見積書の内容と齟齬する内容はないか。これらの確認を行ったことを注文書上で明確にしているかの確認をします。

③　出荷，あるいは役務の提供完了時において適切な証憑を基に売上計上が行われているか

　出荷基準で売上計上している場合は，通常運送業者からの貨物受取証のようなものを客観的な証拠書類＝証憑としてその日付内容をもとに売上計上が行われていれば問題ないでしょう。社内の指示書などをもとに売上計上している場合は，実際に出荷していないにもかかわらず売上計上したり，逆の場合などが起こる可能性があるといえるでしょう。IFRSでは出荷基準での売上計上は認められないので，検収基準に変える必要がありますが，日本国内では例外的な場合を除き荷物を預けた翌日には着きますので，出荷の翌日で売上計上するように直すだけで，問題ないだろうといわれています。一方，役務提供契約に関しては，役務受領者からの確認書をもらった段階での売上計上が必要です。役務受領者のサインや印鑑，日付のある適切な書類を用意することが必要となります。

④ 請求書の発行は適切に行われているか

　請求書作成の基となる資料を基に1回だけ作成し，必ず然るべき時期に然るべき方法で請求先に渡しているか。基礎資料には請求書を作成した場合請求済みであることを印鑑などで分かるようにし，2重請求を防ぐようにしているか。また請求先が請求書の紛失によって再請求を要求した場合は，その請求書が請求書紛失による再請求のための発行であることを「再請求」印等で明確にします（このことを怠った会社は請求先が再請求分を含めた2枚の請求書を悪用して2重に費用計上して利用したために税務の反面調査で売上計上漏れの指摘を受ける可能性があります）。

⑤ 入金による消し込み管理は適切に行われているか

　請求と入金の対応が明確になっているか。つまり，現状の未回収残高についていつ請求したものか分かっているか。この点，システム的に個別消し込みが出来ないようなソフトを利用している場合，手作業等で補完できないのであれば，対応出来るようなソフトに変更が必要となります。一般的に財務会計のソフトで行うのではなく，販売管理用のソフトで受注・納品・請求・回収を一連の取引番号で管理して行うようなものが多いといえます。このようなソフトを利用した場合，各段階で停滞している取引は調べやすく，2重請求なども起こりにくいといえますが，注意しなければならないのは，財務会計システムとの整合を常に十分確認しておくことで，販売管理システム上の売掛金残高と財務会計システム上の売掛金残高が不一致などというケースは結構見られます。

⑥ 売上値引き，割戻しに関する処理は適切に行われているか

　返品に関する処理は適切に行われているか，返品の理由と金額などのデータは取られているか。通販会社などでは，この点について適切な会計処理が行われていることが必須となります。

　販売に関して最低販売保証（ミニマムギャランティー）や達成リベートなど会計処理上特に考慮すべき契約はないか。この点については販売基本契約などで

十分確認が必要です。

販売方法に関するコンプライアンスは確保されているか

販売に関して必要となる許認可や規制する法律・規則がある場合にそれらに準拠した対応が十分に行われているか（薬事法，大店法，景表法，消費者保護法，許認可事業における更新，許認可条件への準拠等，無限連鎖講の防止に関する法律）。

⑦ 販売先との販売条件など基本的事項を販売機本契約として締結しているか

販売取引に係る物流と書類の流れを定め，安定的に取引を継続していくためには，基本契約の締結が一般的に不可欠と考えられます。具体的には受注の方法，納品の方法，請求の締日，請求の方法，代金決済の方法などについて，具体的にどのような書類を用いて行うか，窓口となる担当者，責任者などを明確に定めます。

⑧ 循環取引・スルー取引などの不正取引が行われていないか

年間取引額の上位10社などについて，どのような会社とどのような取引をしているのか，そこから生じている利益は適正な利益率といえるかなどを確認します。特に商社などエンドユーザーではない売り先になっている場合は，その先のエンドユーザーを会社側から教えてもらい，商取引の実在性を調べることが必要でしょう。循環取引の場合は最後に在庫やソフトウェアとして粉飾額を嵩上げした額が戻ってくるのでそこと併せて考えます。スルー取引については悪意を持って行っている会社は少ないので，利益率が少なく大きな額が右から左に流れていくような取引でエンドユーザーが分からないような取引の有無を会社に確認するだけでかなり分かるでしょう。もし経理担当者などが自分から話さなくてそのような取引が見つかった場合は，悪意の粉飾加担として粉飾当事会社の投資家に対する損害賠償の対象となり，自社の上場準備どころではなくなります。

(2) 債権管理

① 債権の消し込み管理は良好に行われているか

　売上債権の入金の都度適時，適切に売掛金の消込が行われ，未回収残額がどれだけあるか相手先内容別に把握できるようになっている必要があります。請求額と入金額の相違がある場合は内入れ入金なのか，誤入金なのか確認が必要となります。請求書のフォームは当月分の請求額だけでなく，前月までの請求額と入金額に差があって残がある場合は，その額もわかるようなフォームで請求書を作成する必要があります。

② 与信限度額の設定と見直しは適切に行われ，守られているか

　与信管理が行われていることは，今までに貸倒れの実績がなく，売り先は大手に限られるというような会社においても上場準備会社としては制度として備えていなければならないものです。その理由は上場後においても財務体力の低い会社では1取引先の倒産で連鎖倒産するリスクが高いからであり，そのような事態に対し上場前に何の予防的対応も図られていないのに上場承認するという訳にはいかないからです。

③ 回収崩れとなった債権に対する再請求，督促等の措置は適切に行われているか

　回収崩れとは，入金予定日に入金しなかった債権を意味します。これらの債権は正確に把握され，社内に報告されたうえで，規則に則り適切な再請求手続きを行う必要があります。

　再請求手続きは一般的には電話で先方の担当者に連絡を取り，入金できなかった理由と入金予定日を確認することとなります。先方の資金繰りが悪化している場合には，今後の受注を止めるなどの手続きが必要となり，また，決算時の経理処理として回収不能見込み額の貸倒引当金設定が必要となりますので，所定の社内手続きが必要となります。再請求後の入金予定日にも入金がなかっ

た場合は弁護士名での督促状の発行の手続きなどが取られる必要があります。

④　滞留債権について回収担当は明確になっているか

　売る担当であった営業部門なのか，回収する担当であった経理部門なのか明確になっていない会社は滞留債権が放置される傾向にあります。

⑤　滞留債権について個別に滞留原因と回収スケジュールを明確にしているか

　個別の滞留債権に関して，回収に懸念がある，回収は非常に困難である，回収は絶望的である，回収不可能である。などの段階に応じて適切に貸倒引当金が設定されているか。

⑥　貸倒れとなった債権を正確に把握し，一般債権にその貸倒実績率をかけて一般債権に対する貸倒引当金を設定しているか

　何事にも例外というのはあるものです。与信管理はやっていないわけではないが，支払いが滞り気味になったりした会社に対しても注文が来たら社長の判断で納品を続けているという会社がありました。この会社のからくりは，1回の注文での受注額が10万円前後と少なく一方利益率は約半分あり，しかもこの会社が販売しているのは他社での調達が難しい工場で使われる消耗品です。この社長が納品を断れば得意先の工場は停止してしまう可能性があり，ほとんどの得意先が数10年の長い付合いがあります。したがって，この社長は数万円の貸倒れを覚悟することにより，もっと大きい業界内の信用を得ているものといえます。義理人情に厚い社長であることには変わりありませんが，実は経済合理性もある行動といえるでしょう。このようなケースでは上場審査においてもむしろこの会社の強みの理由として認識されなんら問題とされることはありませんでした。

(3) 購買管理

① 見積書の提出依頼は適切に行われているか

併行購買の必要な品目について単独購買を行っていないか。

定期的に，検品合格率や納期遵守率，価格などを考慮して客観的に購買先の決定，変更を行っているか。さらに新規の得意先候補については反社会的勢力との関係の有無などを含む信用調査を実施し，取引先別のファイルに保存しているか。

② 納品書は適切にファイルされているか

ターンアラウンド帳票を利用している場合は注文内容との整合の確認は分納などの場合を除き原則として不要となるが，そうでない場合は注文書控とのチェックが必要。

会社に届いた段階で受取日を付した印を押し，検品担当者により発注内容，現物と照合され検品日付の入った印を押しているか。

検品日付で仕入・買掛金の計上が行われているか。

③ 請求書

請求書は直接経理部が受取り，購買担当部門が支払い処理を故意に遅らせることのないようにしているか。

受け取った請求書の内容は検品した内容と一致するか担当部門でチェックを受けているか。

請求内容と検品内容が一致した場合に請求書及び納品書に支払い済み印を押し，経理にて支払い処理を行っているか。これは２重請求を回避し請求漏れを調べるために必要となる作業となります。

領収書については，金融機関の発行する振込金受領書を以って代えることとし発行を差し控えるようにします。現金入金と領収書の発行は事故のもととな

りやすいので極力控えるようにします。

購買，及び外注に関しては基本契約書を結び，取引の基本条件を明確にしておく必要があります。

購買担当者（バイヤー）や商品選定担当者（マーチャンダイザー）については，取引先との関係が長くなると癒着が生じるおそれがあるので，定期的なローテーション等の対策が行われているか。

なお，外注管理に関してはさらに別の論点があります。
・ 外注先に対する材料，治工具類の有償支給・無償支給は適切な判断で行われ，受払い管理されているか。さらに実地たな卸しの対象としているか
・ 外注先に対する技術的な指導は適時・適切に行われているか
・ 外注先の検収合格率，納期遵守について統計を取っており，技術評価を行っているか
・ 外注先のコストを見積もり，継続的なコストダウン対策を行っているか
・ 支払遅延防止法に対する対応が行われているか

(4) 在庫管理

・ 在庫は消耗品や貯蔵品などのうち重要でないものを除き，受払いを帳簿で管理している必要があるがこれが適切に行われているか
　単に帳簿で受払いを記録していればよいというものではなく，正確に受払いが記録されるためのチェックも含めて十分に行われている必要があります。
・ 在庫は定期的に「実地たな卸し要領」に基づき正確なたな卸しが行われているか
　単にたな卸しが行われていればよいというものではなく，正確に行うための，棚札管理（タグ・コントロール），各カウント担当者は，日常的な担当者

以外が行う，カウント担当者以外の責任者によるテストカウントなどの工夫、が行われていて結果に信憑性のあるものでなければなりません。

- 在庫の保存状態に問題はなく，倉庫内は整理整頓され，受払いは物理的に先入先出しで行われているか
- 実地たな卸し時に帳簿たな卸高との差異が把握され，重要な差異に関しては差異分析が行われているか
- 差異分析の結果，必要な対応（帳簿たな卸しの修正，現場の再カウント）などが行われ，今後差異を縮小させるためのフィードバックが適切に行われているか
- 滞留在庫の把握は適切に行われているか（特に賞味期限，旧バージョン商品など）
- 過剰在庫の把握は適切に行われているか
- 売却可能性のなくなった在庫に関して適時適切な処分が行われているか（適切な産業廃棄物処理）

(5) 人事労務管理

　人事労務に関しては従来上場審査の視点は，役員・社員の年齢別人数構成と経営の継続性，社員の定着率と離職理由分析が出来ているか，退職者との競合，人事考課制度，社員研修制度，社員福利厚生制度の有無・内容などが問題となっていましたが，最近になってこの分野での審査項目は労働コンプライアンスが中心となってきました。もちろん従来の論点も質問されないということではありません。従来の論点では多少問題があっても改善の努力をするということで大きな問題とはみなされなかったのですが，労働コンプライアンスに関しては法律違反ですから軽微であればよいというようなものではありません。

- 就業規則・労働協約は適切に定められ労働基準監督局に届出が行われているか

第2章　株式上場のためのショートレビューと審査の項目

- 労務管理のための法定帳簿が適切に作成されているか

　従業員台帳，給与台帳，勤怠管理表の3つは労働基準監督署のチェック対象となる法定三帳簿です。記載すべき内容や保存期間に関しても定められていますので，それらを遵守することが必要となります。

- 事業所ごとに労働基準法第36条に基づく協定書（いわゆる36協定）が作成され労働基準監督局に届け出られているか
- 就業時間の管理はタイムレコーダーその他の方法により適切に行われているか

　裁量労働制，みなし労働時間制をとっている場合であっても適切な就業時間の管理は必要です。

- 残業時間の集計は就業記録及び残業指示書類と突合して適法に行われているか

　サービス残業の存在の有無は非常に重要ですが，一方，上司による残業指示が明確でない無分別な残業請求を認めてしまうことも本来必要でない経費の可能性もあり，別の意味で問題となります。

- 残業代の支給対象としていない管理職について実際に管理業務を行っているか

　管理業務も実態についてグレーな場合には社会保険労務士等の外部専門家による意見書が求められる可能性があります。また管理職といえども深夜残業についての未払い残業手当の有無が問題となります。

- 残業時間の合計が36協定の範囲内となっているか
- 集計された残業代は適切に支払われているか

　残業代の請求に関する時効は2年とされていることから，上場申請に際して直前期までの2年間は最低でも残業に関するコンプライアンス上の問題がないことが必要とされます。もし未払いが存在する場合，労働者との書面での協定により精算することが必要とされていますが，精算したとしても労働コンプライアンスに関して違反の事実があったということは審査上マイナスとなります。

また，残業時間の端数処理は月次で1時間未満の端数が生じた場合以外認められていませんので適切な処理が行われているか注意が必要です。
・　源泉税は過去から適切に支払われてきたか（税務調査で指摘を受けていないか）
　　源泉税の不納付は重加算税の対象となる可能性が高い項目ですので，支払対象になるか否かに関して十分検討しておく必要があります。

・　法定休日（有給休暇），代休について規程どおり取得，消化させているか
　　未消化の場合，過去の休日出勤手当ての精算が求められますが，それ以前に休日の消化を推進するような社内体制の確保が必要とされます。

・　年俸制の採用と時間外手当
　　年俸制を採用する場合であっても，その中にどれだけの時間外手当，深夜残業手当，休日出勤手当を含むのか明示していない場合は，別途それらの支給が必要となります。

・　外国人労働者を雇用している場合における合法性
　　就労ビザの無い者，あるいは不法入国者などを雇用していないか

・　最低賃金について外国人労働者を含め守られているか

・　入社時における労働条件の書面による明示は確実に行われているか

・　社会保険の加入は適切に行われ処理されているか
　　社員の通常勤務時間に対して4分の3以上の時間勤務する者（パート，アルバイト，派遣労働者など名称の如何を問わず）は社会保険に加入する義務があり，この処理が適切に行われていない場合，2年遡って精算する必要があります。しかしながら実際には社会保険料の精算は，会社負担分と本人負担分

に延滞料としての加算金を加えて全て会社が負担することになる可能性が高く非常に負担が重くなり（実際に支払った額の30％程度），この点を考慮して早めに適切な運用を始めておくことが必要となります。

特に労働者派遣業においては社会保険の問題で上場が困難になるケースが多いので，早期に解決しておくことが必要です。対策としては最初から通常勤務の4分の3以上の時間勤務を望むかそうでないかを確認し，そのようにスケジュール調整する方法が取れればよいでしょう。

・ 障害者の雇用促進について

「障害者の雇用促進等に関する法律」に基づいて301人以上の事業所については，障害者を定められた人数（法定雇用率＝1.8％）雇用することが事業主に義務付けられており，それ以下の雇用の場合は納付金が必要（月額1人当たり5万円）となり，それ以上の雇用の場合は給付金（月額1人当たり27千円，ただし300人以下の事業所については1人当たり21千円）がもらえることになっています。この制度に基づく納付状況に関しては調査が入ることがあり，調査で納付を指摘される前に申告納付が望まれます。調査による納付は延滞金がつきこの場合は軽度のコンプライアンス違反となります。

・ 偽装請負について

偽装請負は，職業安定法，労働者派遣法に逸脱する違法行為であり，内容的に大手のシステム開発会社などが実質的には派遣として自社内でその指示下において作業をさせておきながら，契約形態を請負とすることによって労災その他の責務を免れようとするパターンのものと，中小のシステムベンダーなどに見られる技術者の1人会社に対する請負契約というパターンがあります。

① 前者の場合

　請負を偽装することによって労働基準法の適用を逃れることにより派遣労働者と比べて労働者の身分に注意する必要はなく，また自社の正社員の雇用を確保するために生産調整用の労働者として利用することが出来ること，就業時間等の管理が不要で，定期昇給も必要なく，福利厚生や社会保険などの企業側負担も本来の負担を負わないことでコスト競争力にも貢献するという面があります。

　さらに，偽装請負では，労働基準法，労働安全衛生法等に定める安全管理上の責任の所在が曖昧となり，派遣契約であれば，派遣元企業と共に，派遣先企業にも労働安全衛生法に基づいて労働環境や労働時間を管理する責任が生じますが，請負契約を結ぶ偽装請負では，派遣先企業には安全管理の責任は発生しないと偽装するため，過酷な労働条件を強いる結果となり死亡災害を始めとする重大な労働災害の発生，劣悪な労働環境での長時間労働等の問題が発生し大きな社会問題になっています。

　上記のケースにおいては請負を偽装して労働者を受け入れる側が主犯であり当然にして罪状は大変重いものです。日本を代表する上場会社がこのような脱法行為を最近まで故意に行っていたとは信じ難いものがあります。しかしながら，このような労働者を送り出す側も要求されたからといって故意に違法な契約を結ぶことは共同成犯となり重大なコンプライアンス違反であることに変わりはないでしょう。

② 後者の場合

　つまり事実上は雇用関係にありながら請負契約の形態をとっていた場合には，源泉所得税納付義務違反，社会保険料納付義務違反，消費税過少申告（法人税過大申告），事業税の外形標準課税（請負の場合は0，労働者派遣法に基づく派遣は75％，そうでない派遣は100％）など非常に影響が大きくなります（個人負担分も結局会社が負担することになる可能性が高いため）。

　このケースでは実態が雇用と判断されるのであれば早急に雇用契約に切り替

え，そうでないのであれば請負契約としての客観的立証を可能な状態にしておくことが必要でしょう。雇用と判断された場合の遡及的な義務等に関しては弁護士，税理士，社会保険労務士等と相談の上，適切な措置をとる必要があるでしょう。なお，一般的には経験のある上級プログラマーなどは請負契約に馴染みやすいですが，初級プログラマーなど経験値の浅いものは請負契約に馴染み難いと判断されます。

したがって，請負としての実態を明確にするためには，以下のような対応が必要となります。
1．1人会社の存在の確認（法人登記簿謄本，個人事業の場合は税務署への開業届のコピー）
2．所得の申告の事実の確認（申告書のコピー）
   下記項目の全てがYesとなるか
   ① 担当者の代替性が認められるか
   ② 仕事の遂行に当たり個々の作業について指揮監督を受けていないか
   ③ 完成品が納付前に不可抗力で滅失した場合報酬請求権はないか
   ④ 材料は提供されないか
   ⑤ 作業用具は支給されないか

上記を考慮して請負契約時にチェックリストを作成しておくことが推奨されます。

(6) その他の諸管理

① 研究開発管理
・ 研究開発費はテーマごと費目ごとに集計されているか
・ 研究開発費の予算と実績，研究開発目標に対する成果が予定通りであるかの分析は行われているか（特に開発スケジュールに対する遅れがないか）

- 研究開発費のうち多くが他社に業務委託されている場合，その契約内容，金額の合理的説明ができるか
- 知的所有権に対する管理，戦略は妥当であるか
- 他社の研究開発動向との比較は随時行われているか

② 出退店管理
- 出店基準，退店基準は明確になっているか
- 実際の出店・退店はその基準に基づいているか，あるいはどのような基準で行われたか
- 出店・退店に際し反社会勢力との関わりが排除されるようにチェックが行われているか

　出店・退店はマニュアル化し，権利者への通知，行政官庁への必要な届出などに違反が生じないようにチェックリストを消し込んでいく対応が望まれます。

- 出店時，退店時の会計処理は妥当か

　出店時の協賛金について契約上何らかの制限がある場合にはその内容に従った前受け処理が必要となります。事実上の値引きである場合は購入した固定資産の取得原価から差し引く，また現物の供与を受けた場合には適正な評価額で固定資産計上する必要があります。出店に関わる教育訓練費，消耗品費，広告費などは出店経費として区分するが発生した期における期間費用として処理します。退店については意思決定した期において固定資産の残存簿価＋除去（現状復帰）費用を把握し退店までの期間で費用按分する（資産除去債務に関わる会計処理）。

　なお，飲食店チェーンなどの業態開発に関わる費用は第三者に委託している場合も含めて，研究開発費に準じて発生した期の費用として処理することが必要となります。

③ 固定資産管理（リース資産管理）

　固定資産の管理については，未上場の中堅企業において十分な管理が行われていることは稀です。以下の諸点以外にも，建物の建築基準法等への遵法性や，特に店舗については消防法への遵法性についても確認が必要でしょう。

- 取得に関わる手続き，会計処理は適切に行われているか
- 除却に関わる手続き，会計処理は適切に行われているか
- 固定資産台帳（リース資産台帳）は適切に作成整備されているか
- 固定資産の現物確認のための実査は定期的に行われているか
- 除却済みの資産やリース資産はないか
- 業務で利用するコンピュータで違法コピーされたソフトが入っていないか
（社内利用ソフトの適切なライセンス管理が行われているか）
- 遊休となっている固定資産（リース資産の有無）
- 減損会計の適用のための対応が可能な状態か
- リース会計基準適用のための準備（リース料総額と利息相当分の分離など）が行われているか

④ 関係会社管理・関連当事者取引等

- 関係会社一覧表・取引等鳥瞰図の作成

　関係会社管理については，関係会社がどれだけ存在するかによって，対応は全く異なります。関係会社が存在しないという会社であれば全く検討不要となりますが，国内海外含めて10社近くもあるというような場合では，これらの各会社の役割，株主，役員を一覧表にすると共に，取引関係や債権債務の存在を鳥瞰図を作成して示すということを通常行います。

　ここでいう関係会社は，資本上位，資本下位の関係会社だけでなく，役員及びその親族が実質的に支配権の過半数を持つ会社など，実質的な支配従属関係が認められる全ての会社を示しますので漏れがないか十分注意が必要です。

また，ここでの検討には，関連当事者つまり，役員や大株主などについて会社と取引があったり債権債務があったりする場合も含みます。

・ 存在の合理性確認
　関係会社については，上場審査上存在の合理性が問題となりますので，まずはその検討が必要となります。存在の合理性については，国や地域が異なること，就業条件が異なること，免許その他の規制に基づくものなどが事例としてありますが，客観的に考えて事業の遂行上，存在させることが必要ということが認められれば審査はパスする可能性が高いといえます。

　その他の関係会社についてのチェックポイントとしては，以下のような諸点があります。
・ 親会社における関係会社の管理担当部署は明確になっているか
・ 管理担当部署が行っている管理の具体的内容はどのようなものか
　特に関係会社の業務遂行におけるコンプライアンスの確保及び反社会勢力とのかかわりの有無に関しては十分に管理できているか。
　そのほか関係会社管理規程（がある場合）に定める親会社に対する上申事項，連絡事項は適切でありかつ運用されているか（ここでいう上申事項には通常取締役会で決議すべき事項を含むものと考えておけばよいでしょう）。

・ 関係会社からの月次業績に関する資料は適切に送られてきてファイリングされているか
・ 関係会社の会社法上のガバナンスはどのようになっているか
　取締役1名のみという形態も会社法上は認められています。上場審査基準上明記されたものはありませんが，関係会社も親会社同様の管理体制を求められているので，実質的に判断して問題ない管理が行われている必要があります。
・ 関係会社に関する，登記簿，定款，株主名簿，株主総会議事録，取締役会

議事録，重要契約書類などの基本的文書の親会社におけるファイル状況に問題はないか
・ 関係会社における規程類の作成，整備状況は問題ないか
関係会社においてもその業務の実態に応じて，必要な規程類を整備・運用する必要があります。

4．会計管理体制及び会計処理に関する状況

(1) 売上計上基準

売上計上基準については，商品・製品については出荷基準あるいは検収基準で行っており，役務提供については役務提供完了基準で行っているか。

売上計上基準は実現主義によって計上するという基本的な会計原則が未上場の会社では守られておらず，請求書発行基準あるいは入金基準であることが多い。またIT企業などでは複雑な契約形態をとることからどの時点で売上計上すべきか判断が困難な場合もあります。重要なことは法的な債権債務の成立の問題とか返金義務の有無だけでなく，実態として取引の相手方が商品の提供，役務の提供等を受け受益した（実現した）と考えられるかどうかということです。以下に2つの例を示します。

① 契約時に入金するが，役務提供は未了である取引に関する売上計上について

例えばフランチャイザー（本部）によるフランチャイジー（加盟店）の加盟契約金などは契約時に入金を求めるがその時点ではなんら役務提供は行われておらず，通常は出店時までのマニュアルの貸与とそれに基づく教育研修，さらに

出店までの様々な役務の提供によって実現されると考えるべきものであり，入金した以降，本部サイドに瑕疵がある場合を除き返金しないという契約条項があるからといって，会計処理は法律解釈ではなく経済実態を反映させなければならず，役務提供基準に則って出店時等で売上計上する必要があります。しかしながら，会社は経済実態ではなく法律上の権利義務のみに基づいて会計処理を行う可能性があり，そのような処理が行われていた場合は，ショートレビュー時に指摘し改善の必要性を理解してもらう必要があります。なお，入金後はいかなる理由によっても返金しないという条項は，裁判になった場合ケースによっては民法上の権利の乱用あるいは弱者救済の法理に基づき契約自体無効となる可能性もあることを理解しておくことも必要でしょう。

② ソフトウェアなどの販売時に保守料を２年分付けているような場合

このような場合は，ソフトウェアの本体価格と保守料金を区分し保守料金についてはいったん前受金として処理し２年間にわたって売上計上していく必要があります。保守料金には事実上原価がかからないような場合であっても保守料金を先に売上計上することはできません。ただし保守ではなく保証の場合，つまりメンテではなく瑕疵担保責任の遂行保証である場合は売上計上して製品保証引当金を計上するということになります。実態が保守ではなく保証の場合は契約書の文言等に留意する必要があります。

上記のような売上計上に関する根本的な問題とは別に，事務処理上のミス，あるいは意図的な操作により本来翌期に計上すべき売上を当期に計上していたり，逆に本来当期に計上しなければならない売上を翌期に繰り延べたりすることが行われていないかショートレビューの段階では聞き取り調査を中心に十分に確認しておく必要があります。

(2) 純額表示について

　売り手と買い手を仲介して手数料を得る業務などでは，売上は手数料部分のみ計上するということは従来からも行われてきましたが，自己が責任を有しリスクを負った取引部分のみに絞って売上高として表示することによって，損益計算書がビジネスの実態を表し，企業間，業種間の比較可能性も確保していくことになることから，そういった国際的な会計基準の動向に合わせて日本でも取引内容によって純額表示が求められることとなりました。

　売上高は基本的な財務指標であるので，ショートレビューに当たってはこの問題に対する該当の有無を考慮する必要があります。特に広告代理店など販売代理を行っている業態では在庫リスクを負っていない場合が多く，純額表示についての検討が不可欠となります。なお，ソフトウェア業界ではこのような取引があるとすればスルー取引である可能性が高く，その場合は純額表示の問題ではなく取引事態が犯罪幇助と看做されコンプライアンス違反となります。

(3) 金融商品に関する会計基準の適用

　債権（受取手形，売掛金，貸付金等）については適切な貸倒見積高を貸倒引当金として計上する必要があります。

　売買目的有価証券については時価を以って計上し評価差額は当期の損益として処理する必要があります。

　ヘッジ取引やデリバティブ取引があった場合，これらはリスクを回避するために行われた場合であっても一定の要件を満たさない場合には，時価評価が必要になるので十分注意を要します。

(4) 返品調整引当金の計上

　返品には，新製品が出たことによる旧製品の返品，発送内容に誤りがあったことによる返品，売れ残りの返品，製品の内容に問題があったことによる返品（リコール），製品に傷等があったことによる返品，など様々な理由がありその内容を分析して分類集計している必要があります。

　チェックポイント
　・　会社はこのように返品のデータを取っているか
　・　決算期末において当該決算期中に販売した物が翌期以降に返品となる額について合理的に推計し返品調整引当金として計上しているか（単に計上していればよいというものではない）
　・　返品調整引当金の計上額は翌期以降の返品実績に照らして妥当と考えられるか

　なお，返品調整引当金の額は売上額で計上する方法と粗利で計上する方法があり，粗利で計上する方法を取れるのは戻ってきたものが正常な在庫として通常通り販売できるような場合に限られます。

(5) 製品保証引当金の計上

　販売した製品が通常の使用で一定の期間内に壊れた場合において，修理を保証するような契約になっている場合，その保証のために要した費用を区分把握して，所要額を引当金として計上することが必要となります。

　チェックポイント
　・　通常，製品保証に要する費用を区分経理していなかったり，していたとしても無償保証と有償保証の費用を区分していない可能性があるが，無償保証の費用を区分して経理されているか

- 製品保証費の所要額を合理的に推計し製品保証引当金として計上しているか
- 製品のライフサイクルに対応した補修用部品等の在庫は確保されているか

(6) ポイント引当金

　販売に際してポイントカード等によってポイントを与え，次回以降の販売においてそのポイントの利用により値引きをするというような対応を行っている場合において，そのポイントの期末時点での有効残高に応じてポイント引当金の計上が必要となります。ポイント引当金は，通常以下の算式で計算します。
　ポイント残高×換金率×累計利用率

チェックポイント
- ポイントの発行，使用，期限切れ，有効残高などのデータが取れているか
- ポイント引当金は計上されているか（重要性がない場合を除く）

　ポイント引当金は販売促進活動の一環でユーザーにとって年々使いやすく工夫が行われていくことが通常です。このため利用率は年々上昇していくことになります。このような実態からアメリカの会計実務ではポイントを発行している会社に対してポイント引当金を取るのではなくポイントの発行時点で売上値引きの処理をすることを決めました（FAS 157）。このためポイントカードの代表である航空会社のマイレージについて，アメリカの航空会社は大幅な売上減少となるために見直しを迫られることとなっています。これは利用が進んで大いに結構なことではあるのですが，会計処理もその実態に合わせて変えていく必要があるということです。しかし，なぜか日本の航空会社ではポイント引当金の計上は採用されていないようです。JAL，ANAともに決算方針での開示

はありませんが，東洋経済の調査によると重要性がないということらしいです。

　なお，国際会計基準（IFRIC 13号2008年7月以降適用）で示されている処理はアメリカの実務に準拠したものとなっています。野村総合研究所の調査によると2006年に国内9業界の上位企業によって発行されたポイントを金額換算すると600億円に上るとのことです。

(7) 仕入計上基準

　仕入の計上は，検収基準で行われる必要がありますが，実際に未上場の会社で検収基準で仕入計上が行われているケースは稀といえます。実際の仕入計上は，請求書到来時に行われているケースが多いといえるでしょう。この方法ですと請求書が遅れたり来なかったりした場合に仕入計上が正確に行えず，また先方から2回請求が来たときに間違って支払ってしまっても2重払いに気がつかないという可能性すらあります。また請求書が来ていないために仕入計上していない段階で期末を迎えると現物があるためたな卸し在庫として認識され在庫のみ計上されたり，あるいはすでに売上済であれば原価なしで売上だけ計上ということにもなりかねません。したがって請求書基準で仕入計上している会社の場合，翌期の仕入計上分について期末までに納品済であったものがなかったかを納品書等で調べ，それらが在庫計上あるいは売上計上されているものがないかどうかショートレビューの段階でも聞き取り調査を中心に出来るだけチェックしておく必要があります。

チェックポイント
- 仕入計上基準は検収基準等の適切な基準で行われているか
- 仕入計上に関する重要なカットオフエラー（会計処理の期間帰属の誤り）はないか
- 仕入れに関する特殊な契約はないか，特に重要な仕入先との間に契約がある場合その内容について会計的に判断しなければならない内容がないか

どうか注意する。

(8) 人件費の計上

チェックポイント

- 人件費については締め日と支払日との関係で未払いが生じる場合があるが未払いが適切に計上されているか
- 残業代については精算を翌月の給与で行っている場合には未払いの計上が必要となるが適切に計上されているか
- 社会保険料等の法定福利費が上記との関連で未払いを含めて適切に計上されているか（法定福利費についてはⅠの部の対象期間で期間比較し、給与との比率がほぼ15％程度となっているか確認する）
- 従業員賞与及び賞与引当金の計上が適切に行われているか
- 賞与の支給に付随して納付が必要となる社会保険料についても含めて計上しているか
- 役員賞与及び役員賞与引当金の計上が適切に行われているか
- 従業員退職金及び退職給付引当金の計上が適切に行われているか
    退職給付引当金については従業員数が300名以上となると簡便法が使えないので保険数理計算をする必要があります。その場合は早めに試算をしておく必要があります。
- 役員退職慰労金及び役員退職慰労引当金の計上が適切に行われているか
    株式上場後に退任に際して支給したいのであれば上場前において制度を整備して計上しておくことが必要です。

(9) 原価計算と在庫の計上

- 重要な在庫については受払いに基づく評価が行われているか（先入先出法、移動平均法、総平均法など）

上記のような評価法によらなくても認められる場合とは，生鮮食料品における最終仕入原価法，小売店における売価還元原価法，あとは工場消耗品や販売促進用貯蔵品など重要でない在庫に限られます。上場申請に当たって在庫の評価法が受払いに基づく方法でなければならないのは，1．帳簿での受払い管理を行い理論上の残高と，実際のたな卸しによる残高を比較検証することによってより正確な在庫の計上を行う必要があること。2．払い出しの記録がなければ正確な原価（売上原価あるいは原価計算）が計算できないこと，受払いを管理することによって不明な財産の流出を防止する内部統制が可能となることなどの理由があり，特殊な場合以外には省略は認められません。また，小売の場合であっても売価ベースでの受払いを管理することによって，ロス率の計算は可能でありロス率に異常がないか（例えば売上高の１％以内に収まるかなど）は審査対象となります。

・ 正味実現売価（net realizable price）に基づく低価法を採用しているか
　正味実現売価に基づく低価法の適用は2008年４月以降の開始年度より強制適用されています。
・ 製造業や役務提供サービスを行っている場合などで原価計算が必要な場合適切な原価計算が行われているか
・ 原価計算はどのような方法で行われているか
　最終的に実際原価に置き換えられているか（見積原価のまま決算上計上している会社が多く見られる。それも最近の見積もりではない例も多い）。
　原価計算は行っていればよいというものではなく，その会社の生産実態に適応した適切な原価計算が行われているかが問題とされ，計算された結果の数値や原価差額の計算方法，配賦方法などが適切である必要があります。

・ 研究開発費と原価の区分，原価と一般管理費の区分は妥当か
　研究開発費については，基礎研究，応用研究，製品化研究の３つのフェーズに分けて考え製品化研究に関しては原価で処理するのが妥当です。

- 滞留在庫，過剰在庫について原因を調査すると共に規則的な評価減を行っているか
- 定期的に実地たな卸しを行い帳簿たな卸しとの差異明細を作成し原因分析を行っているか

⑽ 固定資産（リース資産）

固定資産台帳は適切に作成されているか
固定資産の取得に関する会計処理は適切に行われてきたか
　付随費用（設計料等）の処理，適切な区分（一式などとしていないか）
固定資産の除却に関する会計処理は適切に行われているか
　資産除却債務に関する会計処理は適切に行われているか（アスベストを利用した建物などは無いか）
　除却の稟議を上げずに除却するようなことはないか（会計処理されずに現物だけが除却される）
過年度において適切な減価償却が行われてきたか
　業績の悪化により償却を止めたようなことはないか
耐用年数について問題はないか
減損会計の適用について対応出来ているか
　特に多店舗展開している業態では注意
リース資産についてリース会計の適用，注記の対応に関して問題ないか
　固定資産についてはp.161の固定資産管理と併せて検討が必要です

⑾ 有価証券等

金融商品会計基準に則った会計処理が適切に行われているか
- 時価の変動によって利益を得ることを目的として保有する売買目的有価証券については時価で評価され，評価差額は当期の損益として処理されて

いるか
- 満期保有目的の債権については割引債を除き取得価額で計上されているか
- 子会社株式及び関連会社株式については取得価額で計上されているか
- その他の有価証券については時価で評価し，評価差額は損についてのみ当期損失として処理する方法と損でも益でも純資産に計上する（損益を認識しない）方法がある。
- 売買目的有価証券以外の時価が著しく下落した場合には評価差額は当期の損失として処理しなければならない。時価は市場価格があるものはそれにより，ない場合は財政状態の悪化で判断する。

(12) 諸　勘　定

- 仮払金，立替金，前渡金，前払費用，未収金，未払費用，前受金，仮受金などの諸勘定について内容が正確にわかる帳簿が作成されているか
- 早期に解消すべき重要な残高はないか，あるいは解消が困難なものはないか

上記の中でさらに役員に関するものはないか，各勘定別の留意点は上記以外には下記のとおりです。

- 正しい勘定科目の使い方が出来ているか

仮払金については通常費用性のものであるが科目と金額が明確でないため仮に処理したというものであるから，経理としては常に０になるように管理し，特にやむをえない場合を除き決算期末においては０になるようにします。

立替金については金銭で返還してもらうべきものであり，長期になれば当然金銭消費貸借契約を結んで貸付金で処理しなければならないものであるので，そもそもやむをえない場合を除き発生しないようにするのと期末には０になるようにします。

前渡金は仕入代金や業務委託費などの前払いをした場合に利用されるが，前払いの必要性と費用処理のタイミングに気をつける必要がある。特に設備代金の前払いは建設仮勘定に，ソフトウェア代金の前払いはソフトウェア仮勘定で処理するので注意が必要。

　前払費用は家賃や保険料，利息や保証料などを前払いした場合に未経過分について決算時に計算して計上するものである。金額の重要性がある場合には計上しなければならないものなので計上漏れがないかどうか注意する必要がある。

　未払金，未払費用については計上漏れがないかショートレビュー時にも対象となる決算月の翌月の請求書ファイルを査閲することにより見ておくことが望ましい。

　前受金，仮受金については売上に計上，あるいは返金しなければならないものがないか。また売上に上げてしまっているが本来はまだ前受金で処理すべきものはないか決算確定前に十分検討しておく必要があります。

(13)　諸税金に関する会計処理

①　税効果会計の適用

　法人税申告書の別表四に表れる会計上の利益に対する課税所得計算の上の加算・減算項目のうち加算されて課税所得に算入される場合であっても近い将来に減算され課税所得のマイナスとなるものに対する税金は会計上の利益から見た場合税金を先払いしたに過ぎないという考えから，一定の条件の基にこのような差異について繰延税金資産として資産計上を認めるというのが税効果会計である。税効果会計の適用に当たっては，監査委員会報告第66号によって課税所得の発生状況などから会社を5分類し，それによって繰延税金資産の計上，取崩しの取扱いが異なることになり，特に課税所得の変動によってその区分が変わるときには注意が必要です。

＜第１分類＞
　期末における将来減算一時差異を十分に上回る所得を毎期計上している会社
　繰延べ税金資産は全て計上可能
＜第２分類＞
　業績は安定しているが，期末における将来減算一時差異を十分に上回るほどの課税所得はない会社
　タックスプランニングに基づいた課税所得の発生見込み額について繰延税金資産の計上対象とすることが出来る（タックスプランニングに基づかない課税所得の発生見込額とは，いつ課税所得が発生するか分からないというもので，役員定年制がない場合における役員退職慰労引当金などがその例となる）。
＜第３分類＞
　業績が不安定であり，期末における将来減算一時差異を十分に上回るほどの課税所得がない会社
　タックスプランニングに基づく課税所得の発生見込み額のうち概ね５年分を繰延税金資産の計上対象とすることが出来る。
＜第４分類＞
　重要な税務上の繰越欠損金が存在する会社
　タックスプランニングに基づく課税所得の発生見込み額のうち翌年分を繰延べ税金資産の計上対照とすることが出来る。
　ただし，繰越欠損金の発生が非経常的な特別の原因で発生したもので，それ以外では毎期継続して課税所得を計上している会社については第３区分と同様に扱う。
＜第５分類＞
　過去連続して重要な税務上の欠損金を計上している会社
　繰延税金資産の計上をタックスプランニングによって行うことは出来ない。

　最近の会計基準を適用すると，業績が悪化することによって固定資産の減損会計の適用，税効果会計における分類変更によって，業績がつるべ落としのよ

うに下落してしまうことがあるので注意が必要です。

② 消　費　税
　税抜き処理で行われている必要があります。
　創業間もない会社で原則課税の対象とならない期間がある場合処理に注意します。
　法人税，住民税及び事業税は税引前当期純利益金額の次に計上し未納額は未払法人税等として計上する。

＜事業税外形標準課税分（実務対応報告第12号）＞
　資本金１億円超の会社に対する課税である事業税の外形標準課税のうち所得割以外にかかる部分（付加価値割り，資本割）については販売費及び一般管理費として処理する。

③　法人税，住民税，事業税の追徴額，加算税，延滞税
　これらについては通常の税金とは区別して追徴額として計上する。未納額については未払法人税等に含めて計上する。

④　重加算税
　重加算税は税法上，いわゆる脱税行為に対して課されるものであり，それが課されること自体，犯罪的行為が行われたことに対する証左となるものです。したがって，明確なコンプライアンス違反ということになり従来重加算税の課せられた会社についてはⅠの部における情報開示期間，つまり５年間は上場申請できないとする扱いもとられていましたが，最近になって税務調査において重加算税の指摘を受けるケースが頻発し，それに伴い上場審査上の取扱いについても重加算税を課せられたといってもその内容は様々であり，その内容によって上場申請できないとする期間を判断する考え方がとられており，その期間は実際には２年から５年の間と考えられます。

なお，税務調査に当たって担当官は検出事項に対して出来るだけ課税が多くなるよう指摘をする傾向がありますが，これを受ける会社側としては安易に認めることをしてはならないでしょう。
　また重加算税は，原則として損益計算書上本税と区分して追徴税額として計上する必要があります。
　ある会社で現場の責任者が納入業者と結託してその業者に対する支払いの一部を個人の預金口座にリベートとして振り込ませていることが税務調査で判明しました。このことは税務当局が個人の預金口座について異常な動きがないか銀行の資料を検閲していることによって判明したものです。このリベートについて会社は感知していなかったが，いわゆる裏金として現場責任者が自らの得意先のキーマンの接待等に使われていたものとします。したがって，会社はこのことを急に税務調査で指摘され，答えに窮した挙句，税務調査担当官の主張を認めてしまった。つまりこのリベートの全てが架空取引の偽装によって課税所得から除かれたものであり重加算税の対象とされたのです。
　その後会社は当該現場責任者を業務上横領で訴えると共に懲戒解雇処分を行っている。
　以上のような場合，会社は税務調査担当官の主張を認めるべきではなかった。つまり会社が架空取引を組織ぐるみで偽装したのではなく，現場責任者が個人的に行ったものであって，会社は後に訴訟を起こしたように被害者なのであるという立場を明確にすれば，少なくとも重加算税の適用は免れたものと判断されます。逆に重加算税を認めてしまうとその税額自体が重く影響するだけでなく上場申請についても先送りになってしまいます。したがって重加算税の指摘を受けた場合は，それが個人の為したことかどうか慎重に見極める必要があります。また個人が為したことであるのであれば被害額を推計し業務上横領等で訴訟を起こすことが会社ぐるみではないことを証明するための一つの材料となります。
　上場申請期あるいは直前期において税務調査が入るのは好ましくないので，直前々期において税務調査が数年入っていないような会社の場合，税務署に連

絡して税務調査に入ってもらうように依頼するという方法もあります。この結果，調査に入らなかったとしても，その後調査に入る連絡があった場合，調査時期を後にずらしてもらう理由となります（何らかの証拠を持ってくるような場合，拒絶は困難でしょうが）。

また，税務調査の可能性を低くする方法として，平成13年の税理士法改正で導入された税理士法第33条に基づく書面添付制度を活用することが考えられます。

この書面により税理士が帳簿の内容をチェックしていることがはっきりしていれば税務調査に入るのを断念する可能性が高くなるでしょう。

したがって，担当税理士に書面添付制度を利用してもらうことを依頼しておくべきでしょう（内容については税理士会連合会が作成した指針を参照のこと）。

⑤ 外国為替関係の会計処理

- 外国為替会計基準に則り適切な会計処理が行われているか
- ２取引基準の適用が行われているか（為替差損益の適切な計上）
- 期末における換算が適切に行われているか（為替換算差損益の適切な計上）
- 為替予約に関する会計処理は適切に行われているか（特に長期為替予約について）
- 金利スワップ，為替スワップなどのヘッジ取引が行われている場合における会計処理，注記での開示について金融商品会計基準の適用に問題はないか

⑥ 連結決算

まずは支配力基準で連結対象となる，あるいは可能性の高い会社を列挙し，さらに存在理由のない関係会社等の整理を前提としても残ることになる関係会社について，連結決算するための体制と仕組みづくりが出来るかどうかが問題となる。

- 連結対象となる会社はどれだけあるか
- 連結対象となる子会社，関連会社における対応は出来ているか
  　　内部統制監査への対応
  　　月次決算への対応
  　　四半期決算への対応（四半期レビューへの対応）
  　　年度決算への対応（連結監査への対応）
- 連結決算を会社が独自に行うための人材が確保されているか

⒁　過年度遡及修正について

　ショートレビューにより実際の会計処理を確認することによって過年度決算の修正が必要になってくる場合が考えられます。

　過年度決算の遡及修正については，商法では株主総会で確定させた決算を過去に遡及して修正することを想定しているとは考えられなかったことと，会計上も過年度の決算が間違っていた場合に修正する科目として「過年度損益修正」という科目が存在することもあり商法学者の間でも過年度の決算自体を遡及して修正することは出来ないと解する説が有力でした。

　しかしながら，実務としては株式上場申請に際して上場申請のための報告書Ⅰの部において特別情報も含めると過去5期分の決算を開示することになるのでその中で金融庁等から過去に遡って修正を求められることがあり，また最近においては上場会社においても財務諸表に重要な影響を及ぼすような誤謬が発見された場合，会計上の取扱いとは別に金融商品取引法に基づいて訂正報告書を提出し，そのなかで過年度財務諸表の修正再表示をすることが求められるケースが多く見られるようになりました。

　このような処理を行うようになった背景としては，平成18年施行の会社法において⑴過年度事項の修正を前提とした当期計算書類の作成及び修正後の過年度事項の参考情報としての提供が妨げられないことが明確化されたこと（会社計算規則第161条第3項），⑵IFAS（国際会計基準）においては，企業が自発的に

会計方針を変更した場合や財務諸表の表示方法を変更した場合には，過年度財務諸表を新たに採用した方法で遡及修正し，これを表示することが求められており，かつ，こうした処理に関しては国際的に早期に統一すべきであることが挙げられます。そのような背景を受けてASBJ（企業会計基準委員会）によって「過年度遡及修正に関する論点の整理」（07年7月）が出されました。

さて，過年度の「遡及修正」は論点整理の中で以下の3つに分類されています。

1. 新しい会計方針を，過去の財務諸表に遡って適用し，修正する「遡及適用」
2. 過去の財務諸表における金額の認識，測定及び開示について，誤謬の訂正を反映するため修正を行う「修正再表示」
3. 新しい表示方法に基づき，財務諸表における表示を変更する「財務諸表の組換え」

上場準備会社においては，Ⅰの部に5期分の決算が開示されることになる関係からこの対象期間に重要な誤りがあった場合には過去に遡って修正することになりますが，この場合，会社法上の計算書類についても修正が必要か問題になりますが，計算書類に重要な誤謬が存在する場合，その計算書類についての取締役会による承認は無効と解され，当該計算書類は実質的に未確定と判断され，当該計算書類に必要な訂正を行い，改めて会社法に定める確定手続と同様の手続をとるという方法で適正な計算書類を確定するという実務が行われています。

なお，過年度の誤った計算書類について適切な修正を行い再確定させる法的義務を負っているのは現在の会社の機関であり，過去の確定時の機関による決議は必要ないと解されます。

さらに計算書類の承認・報告は定時株主総会とされていますが，計算書類の重要な誤謬が発覚した場合に次回の定時株主総会まで訂正後の計算書類を確定できないのは不都合が多いため，臨時株主総会での承認・報告も可能と解されています。また民主党政権時に上記のような遡及修正の実務の背景を考慮して

法人税の更正請求ができる期間が1年から5年に変更されています。

　さらに5年以上前であっても決算の誤りによって税金を過大に納付していたことが明らかな場合は，民法の不当利得返還請求により時効となる10年までは還付請求が可能であるとするのが租税法の学者の通説となっています。

⒂　継続企業の前提（ゴーイングコンサーン）に関して

　ゴーイングコンサーンに関する決算書への注記と監査報告書への記載に関するルールは2002年に整備されましたが，それ以降2008年に至るまで重要な景気後退局面を迎えることがなかったため，この問題は現実的には深刻に議論されることはあまりありませんでしたが，監査に対するレビュー制度の導入などもあって監査業界全体が厳格化に傾く中でゴーイングコンサーンに関しても監査人が厳しく解釈することによって，意見不表明あるいは不適正意見が頻発され経済社会がより混乱するのではないかという懸念が持たれ2009年の3月期決算を迎えるに当たって，「経営計画の合理性が十分に確認できるか……」から「経営計画に重要な不確実性が認められるか……」というように表現が変えられました。これは言葉のニュアンスのような問題であって歯切れの悪い話ではありますが，監査人から見た場合に従来が合理性をストレートに認める積極的保証であったとすると，特にありえないという計画ではないという消極的保証に変わったと解されています。

　ところで，株式上場に関しては直前々期においてGC注記が必要であった場合で，直前期においては当然そのような状態ではなく，これで上場申請する場合において直前々期のGC注記に関しては残して記載すべきかどうかという議論があります。これは後発事象などに関してもいえることですが，基本的に監査は1期ごとに終わるものであり，監査意見はその都度決めていく必要があるとする考えでは，これらの注記は全て残るということになるでしょう。一方，上場申請における監査は最初から2期間を対象としたものであるという考え，またGCや後発事象などは直近の状況に関して開示するものでなければ意味が

ない（むしろ混乱させる）ことから現実的に判断すれば直前々期におけるこれらの記載は不要ということになるでしょう。

この点に関して，現状では明確な判断基準はないようですが，未上場であっても会社法の監査を受けている会社の場合は会社法の監査意見にGCや後発事象の記載がある場合，金融商品取引法の監査報告書に記載がないというわけにはいかないでしょうから，その場合は議論の余地はないものといえるでしょう。

5．関係会社及び特別利害関係者の状況

① 関係会社は具体的にどれだけ存在するか

それぞれの関係会社の存在意義，親会社，関係会社間との取引，債権債務残高の有無，役員，株主の状況，直近決算における売上高，経常利益，税引後利益，総資産，純資産の額についてリストを作成します。

② 存在しなければならない関係会社の有無とその理由が上場審査に適合するか

合理的理由としては一般的に，許認可等の問題，国が異なることによる問題，業界が異なることなどによる人事労務管理上の問題などが挙げられています。

業績不振の関係会社については，合理的な回復の見込みがあるかどうかが，利益操作の恐れのある関係会社については，どのような社内チェックが行われており，実質的に利益の流出が起こらないようになっているかが審査上問題となります。

③ 親会社の取締役が関係会社の取締役を兼務する場合に双方から報酬を得ていることがないか

　これは親会社の役員報酬が株主総会の決議事項であるため実質的にこれを逸脱する行為と認定されることによります。

④ 役員の高額報酬など

　社長等が税理士の指導などにより非常に高額な報酬を受け取っているケースに関しては，まずは株主総会で決めた報酬限度額の範囲内であるかどうかということですが，あまりに高額な場合は役員報酬に関する社会通念，上場会社の役員報酬額データとのバランス，他の役員・従業員給料とのバランス，株主配当とのバランスなどの見地から妥当性を審査されることになります。同様にフリンジベネフィット（現物報酬）や高額交際費などに関しても異常性がないかが審査されることになります。特に現物報酬に関しては，所得税の脱税になっていないか確認が必要です。

⑤ 上場審査における特別利害関係者の定義

　次のいずれかに該当するもの
　(1) 役員及びその配偶者及び2親等内の血族（以下「役員等」）
　(2) 役員等により議決権の過半数が所有されている会社
　(3) 関係会社及びその役員

　以上について確認して，特別利害関係者との取引関係，債権債務残高についてのリストを作成します。

⑥ 特別利害関係者との取引，債権債務残高の有無について

　特に短期的に解消が困難なものはないか（代表取締役による借入金の連帯保証と不動産賃借契約における賃料の連帯保証については，高頻度で見られるものであり問題とされる可能性は少ない）。

　会社法365条による承認を必要とする取引（競業取引・自己取引）に関しては

取締役会の承認を得ているかということと，上場審査上，原則としてそれらの取引を解消することが求められているということです。

6．資本政策に関する事項

資本政策に関する主なチェックポイントは，以下のとおりです。
- ショートレビュー時までにおける資本政策の実施（増資，新株予約券の発行など）に関して，会社法上の瑕疵，あるいは上場審査上の問題点となるようなことはないか
- それぞれの実施について株価等の決定（行使価格の決定，合併比率の決定，交換比率の決定なども含む）が適切に作成された株価算定書に基づき行われているか
- 株価の逆行（後に出した方を安くすること）あるいは短期間での異常な上昇などが見られないか

それぞれの手続きが，会社法上の手続きを守って行われたか。議事録，官報への公告，登記簿などにより確認する。特に有利発行があった場合には決議要件を満たしたか確認する。

株主名簿により株主の全てを確認しそれぞれの株主の属性を確認する。

反社会勢力との関係の有無だけでなく，株主と会社との関係について確認する。

種類株や株主間契約などが存在する場合についてはその内容を詳細に確認する（登記や開示の整合性が必要となります）。

ストックオプション発行時の行使価格はその時点の株価と照らして妥当な額で決められているか確認し，差額がある場合は，当該差額を人件費等で適切に処理しているか確認する。

- 反社会勢力との関係の排除について

　株式の上場を目指す会社は，社会的に公正な存在であるために，反社会勢力との取引や株主など全ての関係において，反社会勢力との関係が適切に遮断されていることが求められています。そのために主幹事証券より総務担当役員に「警視庁組織犯罪対策第三課　排除第二係」による不当要求防止責任者講習制度を受けることを求められることになり，その適切な対応が求められます。株主についてはいわゆる反社会勢力のみならず，反市場勢力といわれる証券市場において問題行動をとった人や組織が株主である場合も申請不受理の原因となります。例えば，産業廃棄物の処理業者が反社会勢力に属すると分かった場合には，問題のない他の業者に変更することが必要となります。取引の基本契約書には，反社会勢力には該当しない旨を表明してもらい，もし取引の相手方が反社会勢力と判明した場合には一方的に取引を解消することができるという条項を付け加えておくことが必要となります。

第3章

中小規模上場準備会社における内部統制報告制度への対応

第3章 中小規模上場準備会社における内部統制報告制度への対応

　内部統制報告制度が実施されたことによって，それは株式上場に関するきわめて高いハードルとなりました。特に新興ベンチャー企業にとっては，スリムな小規模組織で機動力を発揮し短期間で業績を上げるという方法で株式上場に向けての事業計画等を策定していたケースが多いのですが，内部統制というのは慎重なチェック体制を意味します。もちろん小規模会社であってもチェック自体は必要なので，内部統制は必要なのですが，内部統制報告書制度では，内部統制が有効に機能していることを，業務分析し，文書化し，テストを行うなどして実証しレポートとしてまとめなければなりませんから，小規模組織の場合そのために必要な手間が大きく事業計画等に影響してしまうことになるのです。

　日本の制度では，小規模会社でも内部統制があまりに不備であることによる社会的悪影響に対する考慮，つまりライブドアの件を念頭において全ての上場会社に対して適用することとなったのです。しかしながら新興上場会社が粉飾その他犯罪行為を行った過去のケースを見る限り，全て経営者が直接関与したものであり，通常内部統制で防ぎえる内容ではなかったと判断されます。その意味では日本の場合は，監査役制度の拡充を図るほうが現実的でなかったかと思います。

　いずれにしてもこの制度はスタートしたものですので，中小規模上場準備会社としてこれにどう対応していくべきかについて改めて章立てをしていくこととします。

1．内部統制報告制度における日米の違い

　内部統制報告書の制度（いわゆるJ-SOX）については，アメリカにおけるエンロン事件の再発防止対策として実施された内部統制監査制度（SOX法）の影響の下に，日本では西武鉄道における有価証券報告書虚偽記載事件を受けて制度

化が進められたものです。この制度の実施に当たっては，金融庁の内部組織である企業会計審査会がその下部組織として有識者らを集めて内部統制部会を組織し，そこで内部統制報告書制度についての実施基準が策定され本格的にスタートすることとなりました。

アメリカのSOX法と日本の場合で制度化に関して大きく異なる点は，まず第1にアメリカでは内部統制の評価を監査人がダイレクトに行うのに対し，日本では経営者が自ら内部統制の評価を行い，それを受けて監査人が経営者の評価の妥当性について意見を述べるという二重構造になっているところが異なります。

第2には，アメリカではVSE（Very Small Entity＝時価総額で概ね7億ドル未満の会社）については当面適用除外としたのに対し，日本では全ての上場会社を対象としたという点があります。さらに第3点としては，日本の制度では財務報告に関する内部統制のみを対象としており，アメリカのように全ての内部統制を対象とはしていないということでしょう。

第1の点については，日本の場合経営者が自ら評価を行う必要があるので，どうしても主体的にこの問題に取り組まざるを得ないということが，制度の定着可能性を高めるという意味で意義があると思われます．内部統制に関するコストに関していえば，アメリカの場合に比べ監査人のコストが全てのケースで下がるとはいえず，制度が分かりにくい点も含めて会社側から見たトータルでは時間もコストも多くかかってしまうという可能性もあります。さらに経営者はそれなりには内部統制は出来ていると考えて評価していても，監査人側から見て重大な欠陥が残存していると判断されるケースも考えられ，意見が割れたりすれば利用者側から見て分かり難さも出てくる可能性があります。ただし，経営者が自ら内部統制について適切に機能するように指示し，その有効な運用について適切に監視が行われているのであれば，監査コストの増額はそれほどではないと考えられます。平成20年4月以降，内部統制報告書制度と四半期開示制度が同時にスタートしておりアメリカではSOXだけでも監査報酬が2倍

第3章　中小規模上場準備会社における内部統制報告制度への対応

近くになったといわれていますが，日本の場合は四半期の開示，さらには実務対応報告18号（海外子会社の会計処理に関して従来，現地の会計基準での処理をしたものをそのまま連結決算に取り込んでよいとされてきたが，原則日本の基準に合わせることを求めることとしたもの）の適用を受ける会社はその負担が同じ時期に重なっているため監査報酬は制度的にいきなり増加せざるを得ない状況になっており，それが上場企業等の業績等に大きな影響を与える可能性があることは金融庁も十分承知した上でこれだけのものを一度に制度化してきたのだということです。日本公認会計士協会では今回の制度改正に伴う報酬増加額に関して一定の条件の下で従来比で1.72倍程度と試算していますが，これには多くの前提があり，現実的には1.5倍から3倍程度の幅で増額する可能性が高いといえます。この点に関してはオックスレー教授（サーベイ・アンド・オックスレー・アクト＝SOXのオックスレー教授）が制度実施後の2005年8月のアメリカ会計学会の年次会議において，想定外のコスト負担に企業が苦しんでいることが分かったということと，これをなんとかしなければ健全な資本市場は構築できないだろうと述べていることなども興味深い話です。

　なお，米国の内部統制の監査はPCAOBが出したAS#2によって実施の開始から3年間行われてきましたがAS#5に改定され，公認会計士の監査に対して，それまで内部統制の経営者による評価の妥当性と財務報告に関わる内部統制の有効性の2つを目的としていましたが，経営者による評価の妥当性については対象からはずされました。これは他人の評価をさらに評価するということが意外に時間を多く費やしたこと，経営者による先の評価が終わらなければその評価は出来ないという，時間的な問題，さらには経営者による評価に問題があったとしても結局投資家にとっては財務報告に対する内部統制が有効か否かが問題なのであって，その意見の有用性に疑問があったことなどがAS#5に改正された理由となっています。つまり日本の制度では先行した米国の基準がその経験を基に切り捨てた，経営者による評価の妥当性のみを監査対象としたという点がユニークとされています（会計・監査ジャーナル No.631 feb 2008 廣瀬治彦氏

（日本公認会計士協会　内部統制検討専門委員会　監査実務小委員会委員長））。

　第2の点，つまり中小規模会社に対する適用除外に関しては，アメリカの実務においても多大な時間が議論に費やされた結果，2004年11月の制度開始時に適用時期の延期となり，2006年8月においても2008年12月15日以降提出の監査報告書まで延期されましたが，経済情勢の悪化によりさらに延長され，結局実施される目途は立っていません。その間の2006年7月にCOSOにより小規模企業向けの追加的なガイドラインの公表が行われ中小規模公開会社の制度対応への下地が作られていきました。制度の開始持には混乱も多く，余計な手間隙やコストがかかるもので，アメリカのケースから考えても，制度開始後2年程度で実務は安定化している反面，導入当初は混乱を極め，コストも非常に大きなものとなってしまっています。このことから中小規模公開会社の負担能力を考慮すべきではなかったかと考えます。日本の制度導入に関してアメリカの小規模会社と日本の小規模会社では，実質的に日本の方が大きいような議論がされたようですが，要は負担能力で考えるべきですから，アメリカとほぼ近い時価総額で見て100億円以下などの規準で考えればよかったのではないかと思われます。また中小規模法人は内部統制の中でも全般統制の影響が大きく，全般統制の内容が客観的な評価が難しい定性的な要因であることを考えると，全ての開示会社に対する開示内容の正確性を制度的に担保すべきなのは分かりますが，これらを適用除外としなかったことが制度導入期における混乱要因になったといえるでしょう。

　このことに関連して，そもそも内部統制部会長の八田教授自身も「元々は，内部統制は企業の自治に属する問題であって法制度で馴染むものではないと考えていた。」（会計・監査ジャーナルNo.631，P152）と述べ，さらに，「しかしながらきわめて公共性の大きい企業を対象とするならば，マーケットからの恩恵を得るための最低限の負担として内部統制周りの整備をしておかなければ，その悪影響は計り知れない。」さらには「つまり内部統制を整備しておかなければ国家的な威信をも失墜させる可能性があることから，こういった基準が必要

第3章　中小規模上場準備会社における内部統制報告制度への対応

とされた。」と展開される。今回の制度化がそこまでの影響を斟酌してのものであるならば，中小規模法人に経過措置の適用がなされなかったことは整合性にかけるように思われる。中小規模法人の実態は，新興市場の規制緩和を受けて，あらゆる面で規模の小さな会社も多く，不祥事が有ったとしても，国家的な威信に関わるようなレベルとは思われない。上場によるメリットも僅かなものであることが多く，こうした規制が新規上場会社数に深刻な影響を与えるであろうことは十分に予測できたことでしょう。さらに我々実務者の立場からすれば，今回の内部統制報告書の制度を以ってしても経営者不正は防ぎきることは出来ないと考えます。もちろんこの制度によって未然に防げるケースも出てくるかもしれませんが，ある程度の抑止力が期待できるという程度のものと考えられるのです。

　中小規模会社は業務プロセスが少ないので文書化や評価に関しては要領よく対応すればそれほど時間はかかりませんが，不備が少しでもあれば相対的に影響が大きく，また，全体の評価の中に占める全般統制の割合がどうしても大きくなるので，適正な財務報告に関する経営者のモラルを高く保持することがどうしても必要となり，どのようにそれが行われているかに関して第三者に対し立証していくことが必要となります。

　第3の点については，財務報告の適正性に関する内部統制のみが対象になるということであるので，全ての内部統制からその部分を切り出して検討することが必要となります。内部統制の目的は，(1)業務の有効性及び効率性，(2)財務報告の信頼性，(3)事業活動に関わる法令等の遵守，(4)資産の保全，に分類されますが，会社としては，本来必要な内部統制は全て整備運用されているべきであることから，整備や評価に関して財務報告に関することに拘らずに対応するか，制度への対応ということで財務報告に関することにだけ限定し最低限の対応に徹するか決めておく必要があります。4つの目的のうち1つだけが対象となるから手間は4分の1かと思われるかもしれませんが，例えばたな卸資産の

実地たな卸しという手続きは，財務報告の適正性にも資産の保全にも関わるので，2つの目的と関係しています。このように内部統制を有効に働かせるための手続きはいくつかの目的と同時に関わるものが多く，手間はそれほど減少しないと考えられます。

　ここでは，金融商品取引法第24条の4の4第1項に定める有価証券報告書と併せて内閣総理大臣に提出する「内部統制報告書」に関する対応について中小規模上場（準備）会社の対応について記載します。

　この制度の説明に入る前に特に中小規模の上場（準備）会社において必ずしも理解が十分ではないのが，法律で開示を要求されている書類の作成及び提出責任はあくまで会社側にあるのであって，監査人はその書類が適正であるか否かについて意見をするに過ぎないということ，この点過度に監査人に依存している会社があり，監査人の助言無しには開示書類が作成できないというケースも考えられます。また，監査人の側でも特に上場準備会社に対しては，手取り足取り開示書類の作成を指導してきたという事実もあります。しかしながら，今回の内部統制報告制度は本来の制度趣旨に立ち返り，会社が自らの責任において正確な開示書類を作成できる能力を有していることを当然の前提としています。自分たちだけで適時に正確な開示書類の作成が出来るかどうかについて，会社が自ら評価し，その妥当性に関して監査人が意見するというのが内部統制報告書の制度なのですから，監査人が手伝わなければ正確な開示書類の作成がままならないというような会社は最初から土俵にも立てていないことになります。

　そこで，最初に開示書類に重要な虚偽記載が含まれていた場合の法的な責任に関して触れておきます。

第3章　中小規模上場準備会社における内部統制報告制度への対応

2．金融商品取引法上の開示書類に関わる責任

「内部統制報告書」の虚偽記載及び重要な記載漏れに関しては金融商品取引法第22条による賠償責任が課せられています。なお，22条は原状回復的責任を規定していますが，さらに虚偽記載に対する抑止力を実効あるものにするために172条に課徴金を定め，197条に罰則を定めています。以下金融商品取引法における該当箇所の要約です。

> **第22条**……有価証券届出書に重要な虚偽記載があるか，重要な事実の記載が欠けていた場合，そのことを知らずに有価証券を取得した者に対しそのことにより生じた損害を賠償する責めに任ずる。損害賠償の対象となるのは，発行会社の役員等および監査証明をした者となる。

> **第172条第1項**……重要な虚偽記載を含む開示書類を以って増資を行った場合，その100分の1を課徴金として国庫に収める。
> **第172条第2項**……重要な虚偽記載を含む開示書類を提出した会社の役員等がそれにより売出し等を行った場合，役員等はその額の100分の1を課徴金として国庫に納める。
> **第172条の2**……重要な事項に付き虚偽記載のある有価証券報告書を提出した場合，300万円と時価総額の10万分の3（時価総額100億円として30万円）を課徴金として国庫に収める。
> **第172条の2第2項**……重要な事項に付き虚偽記載のある，四半期報告書，半期報告書，臨時報告書を提出した場合前項の2分の1の額を国庫に納める。

> 第197条……有価証券届出書，有価証券報告書（参照書類を含む）及びそれらの訂正報告書において重要な事項についての虚偽記載があるものを提出した者……10年以下の懲役あるいは1,000万円以下の罰金
>
> 第197条の2………届出を必要とする有価証券の取得に関する勧誘に関して，届出が受理されていない段階で行った場合などは，5年以下の懲役あるいは500万円以下の罰金とする。

　課徴金と罰金は併課となり，それを以ってしても賠償責任を免れるものではありません。また172条は基本的に提出会社と売出を行った当事者である役員に課せられますが，197条は書類の提出者個人に課せられるものであり，場合によっては懲役刑を伴うものである点，非常に重いものであることを理解しなければなりません。重要な虚偽記載の考え方は一定ではありませんが，最終利益に与える影響が5％を超える場合は重要と考えるのが一般的であることから，その程度の虚偽記載を以って，CFOや経理部長等が懲役刑になる可能性があるということです。また，内部統制報告書も有価証券報告書の参照書類であるからその記載内容に重要な虚偽があるとすれば，同様に懲役刑になる可能性もあるということになります。

　経理担当者等が経営者からの指示ということで，重い罪の意識なく利益の水増しなどの虚偽表示を行った場合には，重要な虚偽表示を含む書類の提出者ということで，経理担当者自体が服役する可能性もあり，この罰則規定が周知されることによって，経理担当者らによる虚偽記載への協力という行為に対する大きな抑止力として機能してくることが期待されます。

　今回の制度はあくまで西武鉄道の有価証券報告書虚偽記載を発端としており，エンロン事件やカネボウ事件などの巨額粉飾事件を発端とするものではなく，巨額粉飾事件に関しては監査に対するレビュー制度の強化（金融庁の外郭団体である公認会計士審査会の設置や公認会計士協会による上場会社監査事務所登録制

度など）などで対応されているものでありますが，有価証券報告書等上場会社が提出する開示書類の虚偽記載については日本企業に対する投資家の信頼に大きく影響を与えるものであり金融庁としては米国のSECにならって罰則規定を経済的にも重くすることによって制度の実効性の担保を図ることとしたものであります。関係者は個人にまで責任が及ぶことを理解した上でこれらの作業に取り組む必要があるでしょう。

　なお，有価証券報告書等に関する重要な虚偽記載の責任に関しては，作成者としての責任が会社側にありその内容を定めたものが上記の金融商品取引法22条，172条，197条ということになります。一方，監査証明した公認会計士の責任としては，金融商品取引法22条による損害賠償責任の他公認会計士法第5章に，監査法人の責任については第5章の2第7節に処分，課徴金などにつき詳細に定められています。

　特にベンチャー企業等の小規模会社は，監査法人等の外部機関に対する依存心が強い傾向がありますが，そもそも株式を上場させて一般投資大衆から資金を調達しようと考えるのであれば，どんなに小さい段階であっても自らの決算数値を含む開示対象となる事項について自らの責任において正確に作り上げるという強い意識と責任感が必要であり，その責任を監査法人に対しても転嫁できるものではないということが金融商品取引法で明記されています。株式上場前にその意識を経営者が確実に持つことなく第三者によるサポートで上場してしまった依存心の強い会社ほど，上場後に開示面などにおいて問題を起こす可能性が高いといえます。上場を志す経営者は決算開示内容について自ら適正に行うという強い意思を持たねばならないことを強調しておきたいと思います。

3．新規上場会社における内部統制報告書制度の適用開始時期

　2008年4月1日以降に開始する事業年度を上場申請期とする会社は，その事業年度内に上場した場合その期より内部統制報告制度が適用されることになり，翌期に入ってからの上場（いわゆる期超え上場）となった場合は翌期からの適用となる。つまり，内部統制報告制度は上場会社の有価証券発行会社に対して課されるものとなっています（金融商品取引法第24条の4の4）。

　このように実際の上場時期が申請期の期末を超えるか否かで内部統制報告制度の適用開始時期が1期異なるのであれば，意図的に期超え前提で準備するという考えもありえますが，上場審査においては，いずれにしても上場準備の段階での内部統制報告制度への対応を求めており上場後問題なく制度の適用が出来る社内体制を求めています。

　前述したように米国では小規模会社に対する内部統制報告書制度の適用が見送られています。したがって，新規上場会社数の減少に対してはSOXの影響は少ないでしょうが，日本の場合は上場前の期においての適用だけが見送られたものの，上場後は全ての会社が適用となるので，新規上場会社数の減少には相当影響していることが想定されます。

4．中小規模上場（準備）会社の特質と内部統制を構築するに当たっての課題

　この点について2006年に米国で公表された「中小規模上場会社のための財務報告のための内部統制」（いわゆる簡易版COSO）において記載されている内容は，概ね以下のようなものです。

＜中小規模上場（準備）会社の特質＞
1．事業の種類が少なく，対象とする市場も限られており複雑性が少ない
2．管理階層が少なく管理者の統制範囲が広い
3．取引の種類が少なく業務の流れもシンプルである
4．人材が少なく業務分掌の範囲が広い。法務，人事，経理などに専門家の配置が難しい
5．ITに関しては購入ソフトウェアをそのまま利用することが多い

＜内部統制を構築するに当たっての課題＞
1．経営者が不当に内部統制を無視する機会を減ずるため，取締役会や監査役の監視機能を有効にする
2．規程類の運用が十分に行われておらず，定められた承認等が実施されていないことが多い
3．業務はシンプルであるが統制が行われていないあるいはあっても職務分掌が行われていないために無効化していることがある
4．管理部門における専門家の欠如によって有効な統制が行われていないことが多い
　　特に財務報告に関しては経理部門の専門家の存在は必須となる

5．購入ソフトウェアを利用する場合，ソフトウェア内部での誤処理の可能性はきわめて低い
　　ただし，アクセス制限，修正履歴などに問題があることもある

　以上の内容を踏まえて中小上場（準備）会社における内部統制報告制度への対応の特徴を要約すると次のように整理できます。

① 　全般統制・統制環境
　経営者は企業倫理規範を作成し，これを常に唱えると共に自ら実践し不正や誤謬が生じにくい経営環境を創出する必要があります。取締役会，監査役については会社法における大会社の規定に則り経営者及び経営全般にわたるコンプライアンスが確保できるような監視を行い，それらを有効化するコーポレートガバナンスが行われるために取締役会等の会議において十分な議論が行われるように努めます。

② 　評価範囲の決定
　内部統制の評価を行う対象となる重要な事業拠点について中小規模上場会社においては，そもそも1つしかない場合が多く，あっても数拠点であって選定が容易であると共に通常は1拠点のため事業拠点が異なることから発生する内部統制のレベルの格差も考慮不要となります。なお，重要な事業拠点の選定は連結ベースの売上高を用いることが原則とされ，大きいところから対象として総額の3分の2を超えるところまで対象とすることとされています。

③ 　業務プロセス・内部統制の構築
　財務報告に関する内部統制をはじめとした会社の業務において必要な内部統制が確保されているかについて売上，仕入，在庫，その他の不正や誤謬の発生リスクの高い勘定科目に関する業務を分析し検討します。これにより統制が十分でない部分あるいは記述されていない部分に関して社内規則を改正します。

また業務の重複が認められる部分があった場合はこれを削除する。さらに有効な内部統制を確保するためには職務分掌が不可欠と考えられる場合，あるいは承認権者の兼任が不適切と考えられるような場合は，取締役会に諮って速やかに善処することとします。

これらについては特に大規模上場会社と変わるものではないですが，業務がシンプルで種類が少ないこと。不備が判明した場合における迅速な対応が期待できることなどが中小規模上場会社のメリットといえます。

④ 決算財務報告プロセス

金融商品取引法や会社法における開示制度への対応に慣れている者が社内に複数名必要となります。1名だけでは社内での相互チェックが出来ないので財務報告特に決算プロセスにおける内部統制が確保されているとは言い難いためです。会社の決算処理が一通り終了すると，その結果である試算表が作成され，ここに示された数値について外部監査人による監査が行われることになりますが，内部統制報告書についての監査制度では監査によって発見された要修正事項が公表財務諸表に対して影響し，その額が重要な監査差異と認められる場合には「内部統制の重要な欠陥」としての扱いが必要となります（実施基準　参考図3では例として連結税引前利益の概ね5％としている）。つまり監査によって要修正事項が見つかるというのは少額以外ではないように対応しなければなりません。

⑤ ITに関する内部統制

ITに関しては多くのユーザーがいるソフトを利用している場合は，ソフトウェアの正常動作に関するチェックについては省いて問題ないですが，処理データに対するアクセス権限の管理（権限の階層化やパスワードの適切な変更など）が十分行われているか，さらに修正処理等の異常なデータが入力された場合のシステム自体による権限者による承認要求，異常処理に関するログの作成などが行われるかなどについて留意し，これらの機能欠如がはなはだしく，改

善されなければ有効な内部統制といえないような場合は，早めにシステムのバージョンアップを検討する必要があります。

　また表計算ソフトなどは決算の実務処理で頻繁に利用されていますが，計算範囲など式を間違えてしまえば計算結果は誤りとなります。したがって，表計算ソフトで決算資料を作成し仕訳を切るような場合にはその資料の作成者とその資料の作成年月日に加え，資料の検査者（計算式の確認を含む）とその年月日をファイルのタグとして付けるようにし，作成者以外にも必ず内容を理解した誰かがチェックするようにします。さらにこれらのファイルは個人のPCに保管せず，アクセス管理の行われたサーバー上の適切な名称を付されたフォルダ上に保管するようにします。

　ところで大規模上場会社には子会社が300社とか，その親・子会社における事業拠点が1,000ヶ所くらいあるようなケースは珍しくありません。それもそれらは国内海外にばらばらに存在します。さらにメーカーとか商社などは異なる事業をいくつも営んでいることが多く，当然業務フローは多数存在することになります。

　中小規模上場会社においてシンプルなケースでは事業拠点は本社のみ単一事業で売上，仕入の業務フローが各１つで在庫を持たない会社も存在します。一方で上記のように大規模上場会社においては重要な事業拠点100ヶ所以上，そのうち60拠点以上が海外，事業拠点のうち５社は連結対象の上場子会社３社は持分法適用の上場関係会社でそれらはそれぞれが内部統制報告書制度の適用を受け，また海外の事業拠点においてその国の制度にない内部統制報告書制度に関して日本の制度を理解してもらって実施してもらうというようなケースも珍しくありません。つまり，業務処理自体がシンプルな中小規模上場会社においては制度の中身さえしっかり理解してしまえば，実際の運用において困難な部分は大規模上場会社に比べ圧倒的に少ないといえます。

第3章　中小規模上場準備会社における内部統制報告制度への対応

　業務プロセスにおいては、その中で虚偽記載の発生するリスクを識別し、そのリスクが適切な財務情報を作成するための6つの要件（アサーション）のどれに関係していて、そのリスクを低減するためにどのような統制活動（キーコントロール）を行えばよいのかを整理することが必要となります（実施基準3(3)業務プロセスにおける内部統制の評価）。

　そして内部統制の整備状況が問題ない、つまりキーコントロールによって必要なアサーションが確保されていると認められたら、実際にそのキーコントロールが確実に行われているかについて経営者はサンプリングによって証拠を入手することが必要とされます。サンプリングの方法や件数に関しては様々な考えがありそれらについての検討が必要ですが、原則として実施基準の参考図3に記載されている「90％の信頼度を得るには統制上の要点（キーコントロール）ごとに少なくとも25件のサンプルが必要」が参考になるでしょう。また「実務上の取扱い（付録2）統計的サンプル数の例示」も参考となります。ここでは予想誤謬率が0％の場合、許容誤謬率9％とするには25件のサンプリングが必要であり、例えば許容誤謬率を5％とするためには45件のサンプリングが必要とされています。実施基準にも「少なくとも」と断り書きがあるように25件は通常考えられる最低の数と考えておく必要があります。

　内部統制の整備状況というものは、会社の事業内容が変わらない限り毎年変わるものではなく、変わったとしても変更部分のみを検討していけばよいというものですが、業務プロセスに係る内部統制の運用状況の評価に関しては、毎年、キーコントロール×必要なサンプリング数、の検証を行わなければなりません。したがって、必要なアサーションを確保するためにどれだけの数のキーコントロールが必要になるのかについては十分な時間をかけて検討することが重要です。業務プロセスの中にコントロールが例えば全体で30あるというような場合、そのうちキーコントロールは10なのか15なのかということが問題になるのですが、検討すべきなのは、まずは30のコントロールは全て必要なものであるか、また逆に30で足りているといえるかということです。コントロールの

数が多ければ内部統制が良好に整備されているといえるものではありません。安全性を考えれば実在性などのアサーションを何重にも検証することは不必要とはいえないでしょう。特に金融機関などでは間違いはあってはならないので，そのためには何重にもチェックすべきでしょう。したがって少なくし過ぎた場合，必要なアサーションは全て業務プロセスにおいて満たしているが全て1重のチェックなので，そこで見逃してしまった場合はすぐに誤謬となってしまうというのでは全体としては適切な内部統制が行われているとはいえません。キーコントロールはコントロールの中でアサーションを確保するためのコントロールを意味しますが，そういったことを考慮した上でキーコントロールの数を決定していく必要があります。キーコントロールからはずしたコントロールは有効に行われていたとしても検証されないので，キーコントロールに選んだものの誤謬が多かった場合にはそれで内部統制の運用状況の評価が行われていくことになります。

　キーコントロールとは実施基準には「統制上の要点」と記載され会社の業務プロセスにおける各種チェックのうち重要なものと理解すればよいでしょう。会社がRCMの作成においてキーコントロールの指定を少なめにすれば運用テストの効率は上がることになりますが，テストの結果承認漏れなどがあった場合は，再テストや補完統制の有効性などのチェックが必要となります。さらに監査人が会社が選択したキーコントロールでは不足であると考えた場合は，経営者による内部統制の評価結果をそのまま利用できないということになり，監査人による運用テストの追加が行われることとなります。監査人側の監査費用軽減を意識するのであれば，経営者による内部統制の運用テスト等の評価は十分に行われるべきでしょう。

5．内部統制の４つの目的

　①業務の有効性及び効率性，②財務報告の信頼性，③事業活動に関わる法令等の遵守，④資産の保全，これらの全てが健全な企業活動を推進する上で必要ですが，内部統制報告制度においては②の財務報告の信頼性を求めているのであり，したがって，これに最も重点を置いて計画を作成する必要があります。

＜財務報告の信頼性の観点から見た内部統制の基本的要素＞
① 統制環境
　　統制環境とは，経営者自身の誠実性や倫理観，経営者の意向や姿勢，経営方針や経営戦略，取締役会や監査役の機能，組織，権限と職責，人的資源の管理，などの要素が高いレベルであればあるだけ内部統制が機能し得るということで，これらのレベルを上げていくために経営者等が日常的に実践していくことを計画に記載します。
② リスクの評価と対応
　　組織目標を阻害する要因をリスクとして識別し分析して評価します。リスクには全社的なリスクと業務プロセスにおけるリスクがあり，さらに過去に経験したことのあるリスクと未経験のリスクに分けられ，リスクへの対応には，回避，低減，移転，受容の４通りがあります。計画には財務報告に関連した重要なリスクに関してどのように評価し，対応するかについて記載すればよいでしょう。
③ 統制活動
　　社内で定められた方針や手続きが実際にそのとおりに行われるようにするための活動で，記録，検閲，承認などの行動を組み合わせて行われます。特に内部監査を充実させることによって強化するという方策もあり，計画にお

いては会社の統制活動における現状を捕捉し有効な手段を考える必要があります。

④　情報と伝達

情報と伝達は意思決定に必要な情報が適切に識別把握され，関係者に正しく伝達されることを確保することをいいます。エンドユーザーからの重大なクレームが経営層に正確に伝わっているか，現場社員からの賞味期限切れの食材使用に関する疑義を伝える報告が経営層に正確に適時に伝わっているか，これらを補足するための方法として内部通報制度を新たに設けるという考えもあります。実際のところ，上場準備段階から多くの会社で内部通報制度は導入されています。

⑤　モニタリング

モニタリングとは内部統制が実際に機能しているかどうかをモニターし，是正の必要がないかチェックを行うことです。

⑥　ITへの対応

ITへの対応とは他の基本的要素と必ずしも独立に存在するものではなく，業務処理内容がITに大きく依存している場合は，内部統制の目的を達成するためにITの利用に際しての内部統制が適切に行われていることが必須となります。ITへの対応では，アクセスコントロール，特に特権IDに関する管理と利用状況のチェックが問題となることが多いといえます。

6．内部監査部門と内部統制報告制度の担当者

内部統制報告書制度に関しては内部監査部門がその業務の窓口部門として任命されることが想定されます。実施基準Ⅱ.3.(1)経営者による内部統制評価においても，「経営者がすべての評価作業を実施することは困難であり，経営者

の指揮下で経営者を補助して評価を行う責任者を指定するほか，通常，経営者の指揮下で評価を行う部署や機関を設置することが考えられますが，例えば，自らの業務を評価することとならない範囲において，経理部，内部監査部など既設の部署を活用することも考えられる。」と記載されています。

　大規模上場会社においては内部統制室などの部署を設けるのが一般的となっていますが中小規模上場会社における内部統制報告書制度は導入期が過ぎれば専任者が必要なほどの業務量はなくなることと見込まれ，現実的には内部監査部門が兼任することが最も合理的と判断される可能性が高いでしょう。ただし，内部監査自体が内部統制制度の一部（全般統制）であることから，そのまま評価担当責任部署としてしまうと自己監査が生じてしまうので，内部統制に関しては社長の諮問機関として内部統制評価委員会といったものを組織し，内部統制評価の責任はその機関に委ねられますが，その中核メンバーとして内部監査担当者が兼任し，内部監査の有効性に関しては他のメンバーが確認するという方法がよいと考えられます。

　したがってこの場合は，実施基準3(4)①ハc.に書かれている，「財務報告にかかる内部統制の有効性を評価する責任部署」については経営者の指揮下にある内部統制評価委員会が責任部署となります。

7．内部統制監査における専門家の業務の利用

　内部統制報告制度に関して，大規模上場会社については，内部統制の整備状況の確認と不備事項等の洗い出し，改善事項の提案，それらを踏まえた内部統制監査のために必要となる内部統制の整備状況を記載した文書の作成に関して，自社以外の監査法人あるいはコンサルティング会社などに多額の費用を支払って業務委託を行うということがほとんどの会社で行われました。この点につい

ては中小規模上場会社においても自社で対応するというケースは珍しく程度・規模の差はあれ，やはりコンサルタント等を利用していることが多いでしょう。このように内部統制の整備段階での専門家の利用は，業務内容が一時的な業務であり，かつ利用することによって，専門家による判断の的確性，効率性などが期待され，さらにいえば会社から見れば今回の制度は内部統制の不備が残存した場合における外部への報告に対する社会的信用の低下という効果を考えれば確実な対応が求められるのであって，その意味でも専門家の利用は必要と考えられています。

　一方，内部統制の評価段階でも外部の専門家の利用が考えられます。実施基準「Ⅱ.3.(1)②専門家の業務の利用」において，「経営者は財務報告に係る内部統制の評価作業の一部を，社外の専門家を利用して実施することが出来る。」とされておりその場合の専門家に対して次の5つの要件を示しています。
　①　必要な知識と経験を有すること
　②　具体的な評価手続，対象期間，範囲，サンプル件数等を明確にする
　③　報告書に盛り込む内容を明確にする
　④　会社は専門家に依頼した業務の進捗状況を定期的に検証する
　⑤　会社は専門家の結果が依頼内容を満たしているか確認する

　実施基準には特に記載されていませんが，内部統制の整備に関してどのように整備すればよいかという業務に関わった社内の担当者及び社外の専門家は，論理的に内部統制の評価に関わるべきではないでしょう。特に大規模上場会社においては人材も厚くこうした配慮は十分行われていると考えられますが，中小規模上場会社においては人材が少ないためにどこまでの業務を例えば内部監査担当者に任せてよいかについて，経営者は慎重に判断する必要があります。例えば，内部統制の整備の担当者（外部の専門家を含む）は内部統制の整備状況の評価に関わるべきではないでしょう。また，内部統制の整備の社内担当者が内部統制の運用状況の評価を行うのは原則避けるべきですが，社内で評価担当

者として適切な人材がいない場合は外部の専門家（内部統制の整備に関わった専門家以外）の利用についても検討すべきでしょう。

8．中小規模上場会社における全般的な内部統制の評価の重要性について

　実施基準3.(2)「全社的な内部統制の評価」において，次のように記載されており中小規模上場会社においてはこの点をよく理解しておく必要があります。「全社的な内部統制と業務プロセスに係る内部統制は相互に影響し合い，補完する関係にある。……中略……組織構造が相対的に簡易な場合には，全社的な内部統制の重要性が高くなることがある。」つまり大規模上場会社においては，実際に業務を行っている部署においては職務の内容がマニュアル等によって詳細に決められていることが多く，個々の職場においてマニュアル外の判断をする可能性は稀ですが，中小規模上場会社においては個々人の職務の範囲は広く明確でない場合も多いため，そのような場合においては適正な企業倫理が浸透していることによって業務の適正が確保される可能性が高いということです。簡単にいえば，大きな会社では，役員に多少ルーズな人がいても規則がしっかり作られていれば，全体としては業務は適正に行える可能性が高いが，小さな会社では，役員がしっかりしていないと業務の適正を確保するのは難しいということです。

9．中小規模上場会社における内部統制報告制度及び内部統制監査制度の進め方

(1) 財務報告に係る内部統制構築のプロセスで行うこと

（実施基準参考図1）

財務報告に係る内部統制構築のプロセス

1．基本的計画及び方針の決定

経営者は，内部統制の基本方針に係る取締役会の決定を踏まえ，財務報告に係る内部統制を組織内の全社的なレベル及び業務プロセスのレベルにおいて実施するための基本的計画及び方針を決定

※経営者が定めるべき基本的計画及び方針としては，以下が挙げられる。
① 構築すべき内部統制の方針・原則，範囲及び水準
② 内部統制の構築に当たる責任者及び全社的な管理体制
③ 内部統制構築の手順及び日程
④ 内部統制構築に係る人員及びその編成，教育・訓練の方法　等

⇩

2．内部統制の整備状況の把握

内部統制の整備状況を把握し，その結果を記録・保存

① 全社的な内部統制について，既存の内部統制に関する規程，慣行及びその遵守状況等を踏まえ，全社的な内部統制の整備状況を把握し，記録・保存
　※暗黙裡に実施されている社内の決まり事等がある場合には，それを明文化
② 重要な業務プロセスについて，内部統制の整備状況を把握し，記録・保存
　・組織の重要な業務プロセスについて，取引の流れ，会計処理の過程を整理し，理解する。
　・整理，理解した業務プロセスについて，虚偽記載の発生するリスクを識別し，それらリスクの財務報告又は勘定科目等との関連性，業務の中に組み込まれた内部統制によって十分に低減できるものになっているかを検討

⇩

3．把握された内部統制の不備への対応及び是正

把握された内部統制の不備は適切に是正

第3章　中小規模上場準備会社における内部統制報告制度への対応

① 基本的計画及び方針の決定

経営者は内部統制報告制度を進めるに当たって，まずは基本的計画と方針を決定します。

基本的計画に織り込む事項としては，次のものがあるでしょう。

a　内部統制構築の方針と範囲（4つの目的と6つの基本的要素）
b　内部統制構築に当たる責任者と組織
c　スケジュール
d　対応する人員と教育・訓練

方針に関しては，別途「財務報告に係る内部統制の整備・運用及び評価の基本方針書」として作成します。その目次としては次のようなものが考えられます。

「財務報告に係る内部統制の整備・運用及び評価に関する方針書」

第1章　財務報告に係る内部統制の基本方針について
第2章　財務報告に係る内部統制の整備・運用及び評価の方針について
　2-1．全社的な内部統制の整備・運用及び評価
　2-2．決算・財務報告プロセスに係る内部統制の整備・運用及び評価
　2-3．業務プロセスに係る内部統制の整備・運用及び評価
　2-4．ITに係る内部統制の整備・運用及び評価
第3章　不備への対応について
　3-1．不備の把握，集計と重要度の判定
　3-2．重要な欠陥の認識と是正
第4章　再評価の手続について
第5章　監査人との連携について
第6章　外部専門家の利用について
第7章　内部統制報告書
第8章　記録及び保存について

② 内部統制の整備状況の把握
 a 全社的な内部統制についての現状を把握し記録する。
 b 重要な業務プロセスに関して内部統制の状況を把握し記録する
 c 上記の内容を分析し財務報告の虚偽記載につながるリスクを識別し，その対応を検討する。

③ 把握された不備への対応を行い，内部統制構築のフェーズを終わらせる。

(2) 財務報告に係る内部統制の評価・報告の流れ

(実施基準参考図２)

財務報告に係る内部統制の評価・報告の流れ

全社的な内部統制の評価
(原則，すべての事業拠点について全社的な観点で評価)

決算・財務報告に係る業務プロセスの評価
(全社的な観点での評価が適切なものについては，全社的な内部統制に準じて評価)

決算・財務報告プロセス以外の業務プロセスの評価

１．重要な事業拠点の選定
売上高などを用いて金額の高い拠点から合算し，全体の一定割合（例えば，概ね３分の２程度）に達するまでの拠点を重要な事業拠点として選定
※事業拠点には，本社，子会社，支社，支店の他，事業部等も含まれる。
※企業の置かれた環境や事業の特性によって，異なる指標や追加的な指標を用いることがある。

２．評価対象とする業務プロセスの識別
① 重要な事業拠点における，企業の事業目的に大きく関わる勘定科目（一般的な事業会社の場合，原則として，売上，売掛金及び棚卸資産）に至る業務プロセスは，原則として，すべて評価対象
※当該重要な事業拠点が行う事業又は業務との関連性が低く，財務報告に対する影響の重要性が僅少である業務プロセスについては，評価対象としないことができる。
② 重要な事業拠点及びそれ以外の事業拠点において，財務報告への影響を勘案して，重要性の大きい業務プロセスについては，個別に評価対象に追加
（例）・リスクが大きい取引を行っている事業又は業務に係る業務プロセス
・見積りや経営者による予測を伴う重要な勘定科目に係る業務プロセス
・非定型・不規則な取引など虚偽記載が発生するリスクが高いものとして，特に留意すべき業務プロセス
③ 全社的な内部統制の評価結果を踏まえて，業務プロセスに係る評価の範囲，方法等を調整
※全社的な内部統制が有効でない場合，評価範囲の拡大，評価手続の追加などの措置が必要
※全社的な内部統制が有効である場合，サンプリングの範囲を縮小するなど簡易な評価手続の選択や，重要性等を勘案し，評価範囲の一部について，複数会計期間ごとの評価が可能

⇩
評価範囲について，必要に応じて，監査人と協議
⇩

３．評価対象とした業務プロセスの評価
① 評価対象となる業務プロセスの概要を把握，整理
② 業務プロセスにおける虚偽記載の発生するリスクとこれを低減する統制を識別
③ 関連文書の閲覧，質問，観察等により，内部統制の整備状況の有効性を評価
④ 関連文書の閲覧，質問，観察，内部統制の実施記録の検証，自己点検の状況の検討等により，内部統制の運用状況の有効性を評価
※全社的な内部統制の評価結果が良好である場合等には，サンプリングの範囲を縮小

⇩
４．内部統制の報告
① 内部統制の不備が発見された場合，期末までに是正
② 開示すべき重要な不備が期末日に存在する場合には開示

① 全社的な内部統制の評価

　実施基準の参考1に示された42項目について評価を行います。前述のように中堅上場会社にとっては全社的な内部統制の重要性が高いため個別項目ごとに内容を確認しておきましょう。なお，内部統制の信頼性に関する確認項目は下記の全般統制以外に売上，仕入れなどの主要業務に関する業務処理統制の両面から確認作業が行われることになります。

項目1……経営者は，信頼性のある財務報告を重視し，財務報告に係る内部統制の役割を含め，財務報告の基本方針を明確に示しているか
　この項目の評価に当たっては文章から2つの要素に分けて考える必要があります。
(ｱ)　信頼性のある財務報告を重視し……経営者の定める規則，通達，指示に関して口頭，文書で行われたものを具体的に吟味して重視しているといえるかどうかを評価します。分析結果で軽視していると判断できる内容があれば×を，どちらともいえない，つまり特段のコメントも文書等による指示もない場合には△を，明らかに正確な財務諸表を作成するように指示している内容が散見できる場合は，それらを評価根拠として記録した上で○とします。
(ｲ)　財務報告に係る内部統制の役割を定め，……これについては定めていればよいと解釈できますが，内容的に解釈して「正確な財務報告を適時に行うこと」を内部統制の目的と定める必要があります。これは，経理規程，企業倫理行動規範，内部統制の基本方針書などに明確に定めておけば，それをもって足りるでしょう。

　この項目の評価に際して，経理規程などの規程類にそのことが書かれているということをもって根拠資料として評価するというような記載も見られますが，経理規程にはそのようなことが記載されるのは当然のことであり，それをもって経営者が，信頼性のある財務報告を重視していることに対する証とはならないでしょう。例えば，経営者が「経理のことは分からないから全て経理責任

者に任せている。」というような発言をした場合，分からない人が重視したり，役割を定めたり出来るかという疑問があります。また，監査人から見れば，監査を通じて指摘した事項が，正しく受け止められ処理されたり改善されたりするかどうかというのも，信頼性のある財務報告を重視しているかどうかの重要な判断材料となるでしょう。

　なお，項目1は項目25と関連していて，ここでは方針が明示されているかが問われており，項目25ではそれが，全社，特に経理担当者に伝達されているかが問われています。

項目2……適切な経営理念や倫理規程に基づき，社内の制度が設計・運用され，原則を逸脱した行動が発見された場合には，適切に是正が行われるようになっているか

　経営理念，企業行動倫理規範については，他社の例をHP上でその多くを見ることが出来ます。それらを参考として上場会社に相応しいものを作成し，それらを基に社内制度が設計運用されていることを組織図や各種規程類によって確認します。さらにそれらを逸脱した行為をどのように発見し是正するのかについても具体的方法と行った痕跡を確認する必要があるでしょう。特にここでは適切な是正が行われているかを求めているので，適切な是正が行われた事例の提示を受け，評価根拠として利用する必要があります。

項目3……経営者は，適切な会計処理の原則を選択し，会計上の見積り等を決定する際の客観的な実施過程を保持しているか

　項目1と関連しますが，経営者は何らかの意図を持って会計処理に偏向を加えるようなことがあってはならないということで，例えば，決算短信で公表した業績に近づけるように指示したり，業績修正を発表しないでよいような範囲に決算数値を近づけるように指示したりすることです。経営者は基本的に経理業務に関しては社内の専門部署の意見を尊重し，そこに対して適正な決算を行う旨の指示以外にはなんらの指示を行ってもならないし，そのような痕跡があ

れば内部統制に対する脅威がある証拠ということになるでしょう。

　経理専門部署においては会計処理の選択，実施において客観的にそれらを検討した証拠となる資料を整備し，適正な会計処理が行われた証拠の提出が可能な状態にしておかなければならないでしょう。

　中小規模上場会社においては，新しい会計基準の適用において，自らは会計処理の必要性をある程度理解していながら処理をしない決算案を提出して，監査人による訂正を受けて決算を固めるという傾向がありますが，今回の内部統制報告書制度下においては，自らの力で適正な決算が組めないということは，そのまま内部統制の重大な欠陥につながることになります。例えば，減損会計の適用をしなければならない可能性が高い場合において，出来れば処理しないで済ませたい会社が，処理しないベースで決算案を監査人に提示し，監査の結果減損が必要で結果決算案の修正が必要となった場合（従来，中小規模上場会社においてはこのようなケースがむしろほとんどでしたが），その修正に重要性がない場合を除き，内部統制に重大な欠陥があることになります。

　したがって，決算案を確定する前に監査人と出来るだけ打ち合わせをしておく必要がありますが，監査人側も会計処理を指定してしまうことは自己監査になってしまうので，限界があります。そのため，社内に制度会計に関して十分に理解している者がいない場合は，採用あるいは外部専門家の利用などを早めに考えておく必要があるでしょう。

項目4……取締役会及び監査役は，財務報告とその内部統制に関し経営者を適切に監督・監視する責任を理解し，実行しているか

　項目4に関しては，取締役会の議事録の中において，どのような議論が行われているか分かるので，そのことを通じて，取締役会や監査役が責任を理解し，実行しているか否かについて判別できるでしょう。

　したがって，取締役や監査役は財務報告とそれに関わる内部統制に関して点検を行い，月次の取締役会等において問題点等に関して指摘するなどして，監督・監視の責任を履行した証を残す必要があります。

第3章　中小規模上場準備会社における内部統制報告制度への対応

項目5……監査役は内部監査人及び監査人との適切な連携を図っているか
　監査役は，目的の異なる他の監査を行っている者と連携し，問題の認識，共有，改善の方向性などについて議論し，会社の財務に関する内部統制を適正に運用できるように助力する必要があります。したがってこのような対応が行われているかどうかに関して，内部統制監査の担当者は議事録等によって確認しなければならないでしょう。

項目6……経営者は，問題があっても指摘しにくい等の組織構造や慣行があると認められる事実が存在する場合に，適切な改善を図っているか
　この場合の適切な改善とは，慣行は難しいとしても組織構造に関しては，組織割の見直しや職務分掌・権限規定の見直し，あるいは適切な人材の再配置などによって改善を図ることが可能でしょう。また組織構造を変えない場合であっても，問題部署に対する重点的なトップによる全社員面接の実施，中間管理層を飛ばしてトップに対してコミュニケーションが取れる内部者報告制度の実施などが有効と考えられます。内部統制監査人は，そのような施策を具体的に調べると共に，そこから判明した事実や，改善とその効果などを確認する必要があります。

　なおこの項目に関しては，適切な改善が行われていれば，組織の透明性は増しているはずなので，そのような事実が存在する時点で全般統制に問題ありとなってしまうので，本来設問自体が，「……認められる事実が生じないようにするために，適切な措置が継続的に行われているか」とすべきであったと思われます。
　経営者は，イレギュラー事項が発生した場合の組織的な対応を明確にし，それが適切に行われているかに関して継続的なモニタリングを行うことが主な仕事と理解していなければならないでしょう。

項目7……経営者は，企業内の個々の機能（生産，販売，情報，会計等）及び活動単位に対して，適切な役割分担を定めているか

　適切な役割分担の意味するところは，1つの活動単位内で業務処理が完結するようなことが行われると内部牽制が働きにくくなるため，結局内部統制の不備に該当してしまう可能性が高い。そのため1つの業務プロセスに関して複数の活動単位が関わるような，適切な役割分担が行われているかどうかが問題とされています。これは購買業務や販売業務といった業務のフローチャートを作成した場合，業務が同じ列内（部門内）で完結してしまうようなケースを意味します。このようなケースは不正の起こる確度が高くなっているということがいえるでしょう。

項目8……経営者は，信頼性ある財務報告の作成を支えるのに必要な能力を識別し，所要の能力を有する人材を確保・配置しているか

　今日の複雑化した財務報告の制度に関して，財務内容開示会社として必要なレベルの知識を有する人材を採用・育成・配置することが出来ていなければ，財務報告の適正を確保することは不可能です。経営者が余りに法令遵守の意識を欠くような場合は能力のある人材が定着しないということがあります。社内に適切な人材を確保出来ていない場合で外部に外注せざるを得ないような場合は，この項目に関しては確保出来ていないという評価となるでしょう。

項目9……信頼性ある財務報告の作成に必要とされる能力は，定期的に見直され，常に適切なものになっているか

　ここでいっている定期的というのは，毎年という意味ではなく，制度が大幅に変わった場合や，同じ担当者が長期にわたり担当している場合など，必要に応じて財務報告の適正を確保する観点から問題が生じるようなことがないように確認を行っているかという意味でしょう。担当者が年配の場合で次の世代の担当者が確保されていない場合などは，この点の評価が厳しくなるでしょう。

項目10……責任の割当てと権限の委任が全ての従業員に対して明確にされているか

　これは職務分掌と権限が規程により明確になっており，それを全ての従業員に明確に伝えているかということです。内部統制の根本は職務分掌と権限の明確化ですが，規定が非常に抽象的な記載になっているような場合は必ずしも明確になっているといえないことになる点注意が必要です。例えば，同じ部の同じ職位の者でありながら，ある者は値引きの決裁を自分で行っていて，他の者は上司に伺いを行っているというようなことが行われていれば，現実的に職務権限と分掌が明確になっているとはいえません。

項目11……従業員に対する権限と責任の委任は，無制限ではなく，適切な範囲に限定されているか

　内部統制（牽制）が働いている状態とは，1つの業務を遂行していく過程で複数の立場の異なるものがチェックをしていくように業務フローを作っていくことであり，そのためには，それぞれの従業員が適切に責任と権限を分担していくことが必要となります。それはやはり，職務分掌・権限規程に記載されているべきでかつ，業務関連規程においてもそのことが記述されている必要があり，実際の業務フローとも合致することをもって有効と判断できることになるでしょう。

項目12……経営者は，従業員等に職務の遂行に必要となる手段や訓練等を提供し，従業員等の能力を引き出すことを支援しているか

　職務内容ごとにその遂行に際して必要となる手段と訓練を明確にし，その提供方法を決めておき，その実施状況からこの項目について評価します。例えば経理業務に関しては，毎年の規則集，専門誌等の購入，各種研修会への参加などが考えられます。

項目13……従業員の勤務評価は，公平で適切なものとなっているか

　従業員の勤務評価が公平でなければ，その不満が業務を正確に行っていくことに対する妨げとなる可能性があります。内部統制は何らかの不正やミスが発生したときに速やかに発見できるかというチェック体制だけでなく，そもそも不正やミスが生じるようになる原因となるリスクを取り除くというような対応を含むことを考慮しなければならないということでしょう。

　勤務評価が公平で適切であることを評価するためには，勤務評価が規程に則って複数の者によって行われ，その結果を本人にフィードバックされていて，定期的な見直しが行われていることなどが挙げられるでしょう。

　この項目の評価に当たっては，ランダムにサンプリングした従業員からアンケートをとり，勤務評価が適切に行われていると考えている回答者が多いかどうかで判断するという方法をとれば，非常に客観的といえるでしょう。

項目14……信頼性のある財務報告の作成のため，適切な階層の経営者，管理者を関与させる有効なリスク評価の仕組みが存在しているか

　各事業部門や子会社の業績の合計として上場しているグループ会社の決算となっているような場合，各事業部門の責任者や子会社の経営者などが，自事業部や自社分の決算について責任を持つことが重要であり，それを明確にし，意識付けることによって正確性は高まるでしょう。また，財務報告に含まれる従業員の数や給与などに関するデータは人事の管理者が関与することによって信頼性が高まります。このように，財務報告の信頼性を高めるための各事業部，子会社，管理部門などの関与を明確にし，それを規定・マニュアルなどに定め，実際にそれが行われているか確認することによってこの項目の評価とするとよいでしょう。

項目15……リスクを識別する作業において，企業の内外の諸要因及び当該要因が信頼性のある財務報告の作成に及ぼす影響が適切に考慮されているか

　ここでいうリスクとは，事業活動全般に関するリスクという意味ではなく財

務報告の適正性から見たリスクのことであり，それは業務プロセスや決算財務報告プロセスの中においてどのような脅威があるのかを識別するわけですが，中小規模法人においてはその作業は内部統制に関する担当者が行うということになるでしょう。企業の内外の諸要因とは例えば，不動産会社に対する与信をどう考えるかとか，不具合や返品の多発と引当金などの会計処理の妥当性の判断，新規取引先あるいは急激に増加した取引先，在庫，風評などから循環取引などへの関与を疑い，回避することなどが含まれるでしょう。

項目16……経営者は，組織の変更やITの開発など，信頼性のある財務報告の作成に重要な影響を及ぼす可能性のある変化が発生する都度，リスクを再評価する仕組みを設定し，適切な対応を図っているか

　リスクを再評価する場合について，内部統制評価規定（あるいは内部統制の評価基本方針など）の中で定め財務報告の適正性に関して重要な影響を及ぼす事態が発生した場合は，再評価が必要である旨を定め，そのとおりに実施していることをもって評価を行います。なお，重要な影響を及ぼす事態には，重要な新システムの導入，合併，分割，子会社化などの組織の変更，職務分掌・権限規程などの重要規程の改訂，重要な業務フローの改訂，経営者の交代，その他があります。

項目17……経営者は，不正に関するリスクを検討する際に，単に不正に関する表面的な事実だけでなく，不正を犯させるに至る動機，原因，背景等を踏まえ，適切にリスクを評価し，対応しているか

　項目13の公平な評価は公平に行わないとリスクが増大するからですが，具体的なプロセスの中でも例えば，換金可能な在庫を十分な管理をせずに従業員が持ち出し可能な状態においておけば，不正発生の可能性は高くなるのであって，このようなことが起こらないように，受払管理を徹底するとか，特定の担当者以外は在庫に触れないようにするなどの対応が行われている必要があります。

項目18……信頼性ある財務報告の作成に対するリスクに対処して，これを十分に軽減する統制活動を確保するための方針と手続きを定めているか

　財務報告の作成に対するリスクは，業務プロセスと決算財務報告プロセスにおいて識別，分析され文書化されることになります。そこでリスク軽減のための統制手続きを定めそれが有効に機能しているかによって内部統制の有効性を評価することになります。ここで定めるべき方針と手続きとは，方針について「財務報告に係る内部統制の整備・運用及び評価の基本方針書」で定め，手続きについては文書化の作業によって作成された「リスク管理表（リスク・コントロール・マトリックス＝R.C.M.）」に定められていればよいでしょう。

項目19……経営者は，信頼性ある財務報告の作成に関し，職務分掌規程を明確化し，権限や職責を担当者に適切に分担させているか

　項目10は全ての従業員に対しその責任と権限が明確になっているということでしたが，項目19は信頼性ある財務報告の作成に関して職務分掌と権限が明確になっているか聞いています。似て非なるものといえるでしょう。

　項目10は全般的な統制環境に関するテーマであるのに対し，項目19は具体的に，今の職務分掌と権限でもって，信頼性のある財務報告の作成が可能かどうかを聞いています。例えば人員が不足している場合も分掌・権限の集中ということになり適切な分担は出来ていないという評価となるでしょう。ここでは財務報告の作成に関わる業務分掌と権限の一覧表を元に適切かどうかの評価が行われることになるでしょう。

項目20……統制活動に係る責任と説明義務を，リスクが存在する業務単位又は業務プロセスの管理者に適切に帰属させているか

　例えば販売業務で考えた場合，見積り，受注，出荷指示，発送，請求，回収などの各業務プロセスに分解することが出来ます。そのプロセスごとに中心として処理を行う部門管理者をプロセス管理者（プロセス・オーナー）といい，その管理者に統制活動つまり内部統制に関わるチェックを確実に行うことに関し

て責任と状況説明に関する義務を業務分掌規程及び各業務に関する規定に明確に定めておくことが求められ，それをもってこの項目の評価となります。

項目21……全社的な職務規程や個々の業務手順を適切に作成しているか

　全社的な職務規程の作成とは，会社の全ての組織・人に関する職務分掌・権限規程が定められていることを意味します。個々の業務手順については，業務に関する規程を意味するのではなく，具体的な業務手順が分かるように記述されているもの，例えば，業務マニュアル，業務手順書などの名称である可能性もあります。アメリカでは一般にjob description＝業務記述書といわれています。これらの文書が属人的でなく会社の正式な文書として管理・保管されていることが必要で，それらがあるかどうかで評価することになります。

　なお，内部統制の評価を義務付けられる勘定に関わる業務プロセスに関する記述は，今回の内部統制報告書制度に際していずれにしても作成が必要となりますが，ここで求められているのは，全社的な業務手順書の作成であり，それを全て準備しなければこの項目の評価は○とならないでしょう。

項目22……統制活動は業務全体にわたって誠実に実施されているか

　全ての業務に関して，リスクを把握・識別しそれを統制するための手順が決められ，それが誠実に行われているかを聞いています。統制活動が行われているということは，いきなり統制だけ行えないので，リスクの識別とそのリスクに対する対応の検討を経なければ統制は行えません。業務全般に対して統制活動が誠実に行われていることを立証するためには，結局全業務プロセスに関する文書化が必要となるため，非常に手数を要することとなります。さらに統制活動とは適切な能力・権限者によるチェック・承認が行われることを求めるため全ての業務に関して行うことはそれなりの人員やコストを要することとなります。ここで誠実という言葉が用いられているが，本来「適切」というべきところをあえて「誠実」という情緒的な言葉を用いることによって「「適切」まではいかないが「誠実」には行っています。」という会社もあるでしょう。後

は評価者の判断となります。

項目23……統制活動を実施することにより検出された誤謬等は適切に調査され，必要な対応が採られているか

　検出した誤謬に関して，その原因を適切に調査し，必要な対応がとられることは，報告書などによって明確にされ適切に報告されることが必要です。したがって，その報告書を見ることによって項目23の評価は可能となります。さらにいえば，発生頻度の高い誤謬やある程度類型化された誤謬に関しては，その対応を予め定めておくことも望まれます。

項目24……統制活動は，その実行状況を踏まえて，その妥当性が定期的に検証され，必要な改善が行われているか

　統制活動の定期的な妥当性検証と改善に関しては，その必要性は会社や業務プロセスによって異なると考えられます。業務プロセスによっては，新しい手口の不正とそれに対する統制手続きの繰返しとなることも考えられますが，リスクの変化がほとんど認められないようなケースも多いであろうことが想定されます。

　ここでは，定期的（おそらく1年に1度あるいは半年に1度くらい）に統制活動の改善の必要性に関する議論が現状分析のもとに行われていればよいものと考えられます。

項目25……信頼性のある財務報告の作成に関する経営者の方針や指示が，企業内の全ての者，特に財務報告の作成に関連する者に適切に伝達される体制が整備されているか

　決算は上場会社においては年4回開示されることとなったので，その各決算に際して，経営者からの伝達事項として，(1)全社に対して信頼性ある適正な決算を関係法令に則って行うこと，(2)各管理者においては決算に際して予算を斟酌することなく客観的な数値の報告を行わなければならないこと，(3)事実と異

なる数値を報告したものに対しては，法令等に基づく責任追及が行われる可能性があること，その他各会社に事情による個別注意事項などを，メールその他の手段で伝達する体制が整備されていればよいということでしょう。

項目26……会計及び財務に関する情報が，関連する業務プロセスから適切に情報システムに伝達され，適切に利用可能となるような体制が整備されているか

　ここでは例えば，販売業務プロセスから，売上データや売掛金データが適切に会計に関する情報システムに伝達され（方法としてはデータの一元管理，システム間での自動転記，合計数値を手入力などがある）適切に利用されているか，ということです。販売システム上の売掛金残高と経理システム上の売掛金残高が異なる場合などは，ここでは適切に伝達され，利用される体制が出来ているとはいえません。

　この項目の評価に当たっては，最近ではここでいう伝達が手作業で行われるケースは少なくなってきているので，ITの業務システムの評価（ITAC）によってこの項目の評価となる可能性が高いでしょう。

項目27……内部統制に関する重要な情報が円滑に経営者及び組織内の適切な管理者に伝達される体制が整備されているか

　内部統制に関する重要な情報の伝達ルールが定められていて，適切な管理者に適時に伝わるようになっていればよいでしょう。

項目28……経営者，取締役会，監査役及びその他の関係者の間で，情報が適切に伝達・共有されているか

　取締役会は月に1回は定時で開催することが求められているので，その場では伝達・共有されることになりますが，それでは適切でないかどうかということでしょう。通常は月1回の周期で問題ないでしょうから，重要な事態が起こったときの対応として臨時の伝達・情報共有に関する手続きが定められていればよいと解せられます。

項目29……内部統制の仕組みなど，通常の報告経路から独立した伝達経路が利用出来るよう設定されているか

　通常の報告経路から独立した伝達経路とは，直属の上司などを超えた上位権限者へ直接報告できる仕組みのことで，内部通告制度といいます。

項目30……内部統制に関する企業外部からの情報を適切に利用し，経営者，取締役会，監査役に適切に伝達する仕組みとなっているか

　ユーザーや取引先など外部者からの通告制度については外部通告制度といい，内部通告制度と区別します。ここでは，外部通告制度を整備しなければならないといっているわけではありませんが，整備していれば仕組みがあるとはいえることになります。外部通告精度がない場合には，アンケートなどによって外部からの情報を別途入手していればよく，入手した情報は内容に応じて，取締役や監査役に伝達する仕組み（規程等に記載）されていればよいでしょう。

項目31……日常的モニタリングが，企業の業務活動に適切に組み込まれているか

　日常的モニタリングとは，日々の統制活動によって得られた情報を集約して，日々適切な管理者に報告が行われているかということで，企業の業務活動に組み込まれている必要があります。ここでは業務範囲を制限していないので，全ての企業の業務活動において日常的モニタリングが組み込まれているか問われていると解されます。

項目32……経営者は，独立的評価の範囲と頻度を，リスク重要性，内部統制の重要性及び日常的モニタリングの有効性に応じて適切に調整しているか

　経営者は，財務報告に関する内部統制の評価に当たって，どのプロセスをどのような頻度で評価するか決定するに際して，そこで発生するリスクが重要であるか，日常的なモニタリングが有効に機能しているかなどを考慮していることが求められているので，考慮していることを評価範囲の決定資料で明らかに

第3章　中小規模上場準備会社における内部統制報告制度への対応

すればよいでしょう。

項目33……モニタリング実施責任者には，業務遂行を行うに足る十分な知識や能力を有する者が指名されているか

　各モニタリングに関する実施責任者のプロフィールや過去の実績などから，十分な知識や能力があることが説明できればよいでしょう。

項目34……経営者は，モニタリングの結果を適時に受領し，適切な検討を行っているか

　モニタリングの結果をどういった内容に関してどのタイミングで受領するか，報告を受けるかに関して内部統制に関する規程で定め，それに則って受けた報告に関して適切な検討を行っていることが，その後の指示などによって立証できればよいでしょう。

項目35……企業の内外から伝達された内部統制に関する重要な情報は適切に検討され，必要な是正措置が取られているか

　項目29，項目30の仕組みによって伝達された情報が適切に検討され，必要な是正措置などの対応が行われていることを確認します。該当する通告がなかった場合は，仕組みはあるので項目29や項目30は○となりますが項目35は該当なしとなるでしょう。

項目36……モニタリングによって得られた内部統制の不備に関する情報は，当該実施過程に係る上位の管理者ならびに当該実施過程及び関連する内部統制を管理し是正措置を実施すべき地位にある者に適切に報告されているか

　内部統制の不備に関する記録が適切にその上位者に伝達され，是正措置を行うべき立場の管理者まで伝わっていることを確認するものです。

225

項目37：内部統制に係る重要な欠陥等に関する情報は，経営者，取締役会，監査役に適切に伝達されているか

　項目36などによって報告される内部統制の欠陥のうち重大なものに関して，もしも存在が判明した場合には適時に取締役，監査役などに伝達されているか確認するものです。

項目38……経営者は，ITに関する適切な戦略，計画等を定めているか

　ITに関する内部統制は，システム開発や機器，プログラムの購入などを伴うため，すぐには対応できないことが多い，そのため適切な戦略・計画を定めておくことが重要となります。

　なお，項目38，39，40に関しては実施基準Ⅰ．2．(6)IT（情報技術）への対応に記載されている内容と関連性が高いので，併せて確認しておく必要があります。

項目39……経営者は，内部統制を整備する際に，IT環境を適切に理解し，これを踏まえた方針を明確に示しているか

　経営者自ら内部統制という視点から自社のIT環境を理解し，それを踏まえた内部統制整備の方針を明確に示しているかを問うています。例えばセキュリティ対策としてのアクセスコントロールは妥当に行われているか，また，アクセスログが適切に把握されていて異常なアクセスが行われた場合などに追跡が可能か，などがまずは問題となることが多いでしょう。最近は財務会計ソフトの中でもSOX対応としてアクセス管理ができるものもあるようです。

項目40……経営者は，信頼性のある財務報告の作成という目的の達成に対するリスクを低減するため，手作業及びITを用いた統制の利用領域について，適切に判断しているか

　ITを用いた業務処理の中で，財務報告に関わるものに的を絞り，数字の正確性を保証する観点から，手作業とITを用いた統制の利用について，その内容，範囲を経営者が適切に判断しているか評価します。

項目41……ITを用いて統制活動を整備する際には，ITを利用することにより生じる新たなリスクが考慮されているか

　ITを利用することにより生じる新たなリスクとは，例えば大量の個人データなどが瞬時に盗まれたり，消去されたりするリスクなどが考えられます。

項目42……経営者は，ITに係る全般統制及びITに係る業務処理統制についての方針及び手続きを適切に定めているか

　実施基準Ⅲ.4.(2)業務プロセスに係る内部統制の評価の検討に，以下のような関連記述があります。

ITに係る全般統制の評価の検討

　監査人はITにかかる全般統制について理解し経営者の評価の妥当性を検討する。その際例えば以下の項目を検討する。

　a．システムの開発・変更・保守に際して，
　　1．事前に経営者または適切な管理者の承認を得ていること
　　2．開発目的に適合した適切な開発手法が適用されていること
　　3．導入前に十分な試験が行われ，その結果がIT部門とユーザー部門の適切な管理者により承認されていること
　　4．過程が適切に記録，保存されていること。特に変更の場合は内部統制の整備状況に係る記録が更新されていること
　　5．データの保管，移行に際して誤謬，不正等を防止する対策が行われていること
　　6．新たなシステムの利用に当たって，ユーザー部門の担当者が適切な計画に基づき教育，研修を受けていること
　b．システムの運用管理
　　1．重要なデータやソフトウェアについて障害や故障等によるデータ消失等に備え，その内容を保存し，迅速な復旧を図るための対策が

　　　　採られていること
　　2．障害や故障等が発生した場合，その状況の把握，分析，解決等の対策が適切に行われていること
　c．システムの安全性の確保
　　データ，システム，ソフトウェアの不正使用，改鼠，破壊等を防ぐため適切なアクセス管理等の方針を決めていること
　d．外部委託に関する契約の管理
　　財務報告に関連して業務の外部委託が行われている場合，適切に外部委託に関する契約の管理を行っていること

ITに係る業務処理統制の評価の検討
　a．監査人は，システム設計書等を閲覧することにより，企業の意図した会計処理が行われるシステムであることを確認する。
　b．たとえば次のような評価項目に留意する。
　　1．入力情報の完全性，正確性，正当性を確保するための手段がとられているか
　　2．エラーデータの修正と再処理が適切に行われているか
　　3．仕入先，販売先等のマスターデータの維持管理が適切に行われているか
　　4．システムの利用に関する認証，操作範囲の限定など適切なアクセスの管理が行われているか

　こうした記述を意識した上で項目42のIT全般統制と業務処理統制に関する方針と手続きが適切に定められているかの評価を行うこととなるでしょう。

　なお，全般統制の評価においても，経営者による評価の妥当性を監査人が間接的に確認する対応が求められている以上，経営者は監査調書を作成し，それによって評価過程を明確にしておく必要があります。

10. 業務プロセスの評価

(1) 評価範囲

　評価範囲に関しては通常は，売上，仕入，在庫，の3勘定とし，会社の実態によっては，それに準ずる勘定及び重要なリスクの有る勘定について評価に含めることとしています。この基本3勘定に絞って業務プロセスの評価を行う方法は，J-SOXのオリジナルでこれによって相当簡略化されていると考えられていますが，通常考えられる他の業務プロセスとして，人件費に関する業務プロセスとその他の経費に関する業務プロセス，固定資産，リースに関わる業務プロセス，さらに在庫と関わるが原価計算に関する業務プロセスなどが考えられます。これらの業務プロセスについては通常省略できますが，人材派遣業などのように在庫がなく仕入れもない業態においては，主たる費用である人件費について評価の対象とすべきということになるでしょう。

　業務プロセスの評価に当たっては，まず該当する勘定科目に関係する業務に関して起承転結の形で具体的な処理内容を記述し（業務記述書），それを基にフローチャートとリスクの認識と統制表（リスク・コントロール・マトリックス＝RCM）を作成し，この3つの文書を分析することによって，内部統制の整備状況の必要十分性を確認します。

　業務記述書の作成は，例えば売上に関する業務プロセスを例に取ると
① 問い合わせ
② 見積り受付・見積書の作成・承認・提出
③ 受注・注文請書，契約所の作成・値引き等の承認・提出
④ 納品処理，納品書の作成，承認，納品の手続き，売上の計上，受領書の回収

⑤　代金の回収，回収確認手続き，買掛金の消し込み
などについて記述することになります。

(1)　ドキュメンテーションの作成に関しては，どの部署の誰が，どのような書類に関係して，何を作成あるいは承認し，どのような経理処理をするのか，が明確に分かるように記載しなければなりません。それによって，フローチャートとRCMの作成が可能となります。

(2)　リスクの識別とアサーション
　厳密にいえば，財務報告の適正性を脅かすリスクの識別と財務報告の適正を確保するための要件（アサーション）の関係ということですが，実施基準には次の6つのアサーションが示されています。
　　1．実在性
　　2．網羅性
　　3．権利と義務の帰属
　　4．評価の妥当性
　　5．期間配分の妥当性
　　6．表示の妥当性

　アサーションについてはこの他に正確性を挙げる例もありますし，財務報告のためという枠をはずして考えれば，内部統制の目的からすれば，不正の防止と資産の保全についても識別されたリスクを低減するためのコントロール（統制活動）によって充足するアサーションという意味で加えて考えることが一般的には行われているようです。なお正確性については，ほとんど全てのコントロールの目的に含まれるのであえてRCMで記載するまでもないでしょう。基本は実施基準に従っていれば問題ないといえるでしょう。

第3章　中小規模上場準備会社における内部統制報告制度への対応

　リスクの識別については，一般的な販売プロセスを考えると大きく分けるならば，例えば以下のようなリスクが識別出来るでしょう。
① 顧客からの受注内容が正確な受注データとならないリスク
② 受注データと出荷した商品が異なるリスク
③ 出荷した商品が到着しないリスク
④ 商品の出荷時点で売上計上を失念するリスク
⑤ 請求書の作成を失念し請求漏れとなるリスク
⑥ 回収した代金を正確に把握できず正確な売掛金残高，滞留状況が把握できないリスク

　実際にはさらに現実的に業務を細分化してリスクを細かく把握し，それごとにどのような方法でコントロールしているか確認しRCMに記載します。リスクを低減するためのコントロールに関してはビジネスの内容やITの導入度合い，手作業の場合でも複写型の帳票の利用などによって，要・不要が変わってしまうので，個別的に判断しなければなりません。RCMとは上記のような業務プロセスにおいて認識されたリスクに対して，それを低減するためのコントロールの方法とそのコントロールによって達成されるのは6つのアサーションのどれであるかを記載した内部統制の一覧表といえます（具体的な記載例に関しては，実施基準の参考3を確認してください）。

　このように作成されたRCMにおいて記載された全てのリスクとコントロールに関して，それが有効に働いているかをサンプリングして評価することが求められているのではなく，そのコントロールの中で財務報告の適正性を確保するという目的から見て基本的かつ重要であると判定されるものを「キー・コントロール」とし，それについて有効性の評価テストを行うことが求められています。
　キー・コントロールはそれだけで財務報告の適正性が確保される程度の内容を含んでいなければならず，その目的からして多めにキー・コントロールを選

定した場合は評価作業の効率は落ちるが評価結果には問題となりません。しかしキーコントロールが少なく選定されている場合は，それらの有効性に問題がなかった場合であっても財務報告の適正性が確保されているとは言い切れないため，そのまま経営者による評価が終わってしまうと監査人から評価方法の妥当性に問題があるという意見がつけられる可能性があります。

したがって，キー・コントロールは多くても少なくても問題があるので，評価作業に入る前に慎重に会社側と監査人で協議をしておく必要があるでしょう。

また重要なアサーションを確保するためには，通常会社の業務においては2重ないし3重のチェックをかけるでしょうから，それらのうち中心的な1つをキー・コントロールとしその他は補完的統制（サブ・コントロール）として定めておくとよいでしょう。

なお，評価に際してのサンプリング件数に関しては，実施基準には，（参考図3に）90％の信頼度を得るには統制上の要点（キー・コントロール）ごとに少なくとも25件のサンプルが必要と記載されています。さらに実務上の取扱いの付録2には統計的サンプリング数の例示が示されています。

25件のサンプルにおいては誤差0であれば有効と判断することになるので，1件でも誤差が発生した場合は有効と判断されないことになります。理由は25件中1件のミスは，上限離脱率が14.7％となり10％を超えてしまうからです。その場合の対応としては，誤差が発生した部分の母集団が発生しなかった部分と均質ではなかったとして，区分して再評価を行い，誤差が発生した内部統制が有効でない部分を小さくするとか，あるいは1件の誤差が発生したが，それは非常に稀なケースに当たったためということであれば，追加でサンプリング件数を増やしてその中からは誤差が発生しないことを確認するなどの方法があります。

第3章　中小規模上場準備会社における内部統制報告制度への対応

11. 決算・財務報告プロセスの評価

　決算財務報告プロセスの評価の具体的な手順・内容に関しては実施基準においても十分な記載が行われていないために，ここでは日本公認会計士協会東京会の公認会計士業務資料集第48号Ⅰ（平成20年10月15日発行，以下「資料集第48号」と略記）を参照，引用して記述しています。

> (6)　決算財務報告プロセスの評価に際しては，(1)全社的な観点で評価することが適切なプロセスと，(2)個別行的な観点で評価することが適切なプロセスに分けて行う必要がある。
>
> (7)(1)　全社的な観点で評価する決算・財務報告プロセス
> 　　　総勘定元帳から連結財務諸表の作成，開示書類の作成プロセス

　上記，資料集48号の別紙１にチェックリスト例が記載されているので，これを参考にして自社用にカスタマイズして利用するのがよいでしょう。ここでは有価証券報告書作成までのプロセスを，連結ありの場合で下記のように７区分しています。

① 　決算準備
② 　単体決算
③ 　単体財務諸表作成
④ 　連結パッケージ作成
⑤ 　連結決算
⑥ 　連結財務諸表作成
⑦ 　有価証券報告書作成

(8)(2)	個別業務的な観点で評価する決算・財務報告プロセス
	財務報告への影響を勘案して重要性の大きい業務プロセス

(8)(2)については,決算処理の内容によって下記のように分類されます。会社によってはaやcについては該当がない場合もあるでしょう。これらのプロセスは財務報告の適正を確保する観点からのリスクが大きく,決算処理に入る前の準備段階での対応,決算処理に入ってからのスケジュールに余裕を持たせ途中段階での検討,確認を行い,監査対象となる試算表の作成前段階でそれらが終わっていることを確認することが必要といえます。

区分	プロセスの特性	該当する会計処理の例示
a	リスクが高い業務あるいは事業に関わる決算業務プロセス	金融商品会計に関する会計処理,例えば為替や金利のヘッジ取引に関する会計処理
b	見積りや経営者による予測を伴う重要な勘定科目に係る決算業務プロセス	滞留債権の評価減,在庫の評価減,固定資産の減損,引当金の計上に関する会計処理
c	非定型的,不規則的な取引等の留意すべき決算業務プロセス	災害や盗難などがあった場合の会計処理,異常な注文の取消しがあった場合の会計処理

なお,資料集第48号には別紙2として個別業務的な観点で評価する決算・財務報告プロセスにおけるRCMの例を示しているので,これを基に自社用にカスタマイズして利用可能です。

12. 重要な欠陥について

実施基準には全社的な内部統制の重要な欠陥の例示として,以下の6項目が挙げられています。

(1) 経営者が財務報告の信頼性に関するリスクの評価と対応を実施していない

(2) 取締役会又は監査役（又は監査役会）が内部統制の整備・運用を監督，監視，検証していない
(3) 財務報告にかかる内部統制の有効性を評価する責任部署が明確でない
(4) ITに関する不備が有って改善されずに放置されている
(5) 内部統制の整備に関する記録を欠いている場合
(6) 経営者，取締役会，監査役（又は監査役会）に報告された内部統制の不備が合理的な期間内に改善されない

金融庁総務企画局による内部統制報告制度に関するQ&Aで重要な欠陥について触れられているのは以下の項目であり，その概要は下記のとおりです。

当初の20問のうち
問1　内部統制の評価計画や期中での重要な欠陥の判定に際し重要性の判断基準を定める場合に前期末あるいは当期末の予測値で連結税引前利益の5％程度を用いてよい。さらに期末に近づくにつれて実績値が乖離してきた場合は適時判断基準を改訂する必要がある。
問2　重要な欠陥の判断基準としての連結税引前利益は当期末に著しく利益が縮小しているような場合でもその5％としなければならないことはない。特殊要因がある場合には除外して考えたり，経常利益などの他の指標，比率を変えるなどの対応が可能。
問14　ITに関わる全般統制に不備がある場合は直ちに重大な欠陥となるわけではない。具体的な影響と補完的統制を勘案して判断することになる。

追加の21問から67問のうち
問40　アメリカでは財務報告に関する人材の経験不足やマニュアル等の不備が重要な欠陥として指摘されている例が有るが，日本での対応はそ

のような場合であっても財務報告に与える影響がすくなければよく，その不備が重大な虚偽記載をもたらす可能性を慎重に判断して決定する必要がある。

問41　営業店舗において基準を超えるような不備が発見されえた場合でも，それを補うような補完統制が本社にて行われていた場合，重要な欠陥に該当しないと判断できる。

問42　例えば連結決算に関して外部の専門家に依頼した場合，依頼した内容を満たしているか会社側が確認していれば重要な欠陥とはならない，チェックなしの場合は重要な欠陥となる。

問43　監査人に対して会計処理の相談を行うことは重要な欠陥には該当しない。しかし自らの作成に関する責任感が欠如している場合は重要な欠陥に相当する。

問45　重要な欠陥を是正した内部統制の運用状況の評価時期が期末日以降であっても，当年度の財務報告の信頼性を確保する内部統制として運用の有効性を確認できた場合は期末日において内部統制は有効としてよい。

以上のQ&Aに関係して，「実務上の取扱い11．内部統制の重要な欠陥」において，重要な基準の判断指針において，金額的重要性以外の質的重要性について①上場廃止基準，②財務制限条項，③関連当事者との取引，④大株主の状況などが明確に示されました。これらは財務諸表以外の開示で投資判断に与える影響が高い項目を適正に開示するための情報収集とチェックの体制に欠陥がないかどうかを慎重に判断すべきということを意味し，さらに以下の判断基準も示されました。

＜重要な欠陥に該当するかどうかを検討すべき不備の状況を示す例＞
① 前期以前の財務諸表につき重要な修正をして公表した場合
② 企業側が識別できなかった財務諸表の重要な虚偽記載を監査人が検出した場合
③ 上級経営者層の一部による不正が特定された場合

また，次の５つの分野で内部統制の不備が発見された場合，重要な欠陥に該当する可能性が高いとされます。
① 会計方針の選択適用
② 不正の発見や防止に関する制度
③ リスクが大きい取引を行っている業務
④ 見積りや予測を伴う重要な勘定科目
⑤ 非定型・不規則な取引に関する内部統制

重要な欠陥を識別した場合の対応としては，重要な欠陥は会社側の内部統制のチェックプロセス及び監査人による監査のプロセスの２つのプロセスから検出される可能性があります。双方のどちらにおいても検出した場合においてはその内容を速やかに，経営者，取締役会，監査役（又は監査役会），監査人（会計監査人又は金融商品取引法上の監査人）に報告する必要があります。そして，報告された内容については，経営者はすぐに是正措置を検討し，是正が施された後その内容の報告を受けたものに対しては，再評価を行う必要があります。

さらに追加となった68問から84問のうち
問68　財務諸表に記載する予定の数値に誤りが発見された場合，それが直ちに重要な欠陥には該当しないが，その数値を間違えて算出したプロセスにおける内部統制の重要な欠陥の有無が問題となる。
問69　監査人に提出した財務諸表のドラフトについて多数の誤りを指摘さ

れた場合について，(1)そのドラフトは監査対象として提出したものなのか，監査人との協議用に提出したものなのかによって意味合いが異なる。(2)監査用のドラフトとして提出した場合であっても，その誤りを会社の内部統制では発見し得なかったのかどうか検討して判断する必要がある。

問70　決算短信公表後，会社の内部統制によって重要な虚偽記載を発見し有価証券報告書提出前に決算短信を訂正した。この場合，会社の内部統制によって重要な虚偽記載が発見されたのであれば有価証券報告書は適正に表示されたことになり重要な欠陥には該当しない。

問75　売掛金の残高確認の結果に関して，回答額と帳簿残高に差異があったとしても直ちに重要な欠陥とはならないが，差異の原因分析が行えない場合や適切に差異の調整を行い残高の修正を行わない場合は重要な欠陥となりうる。

問76　重要な欠陥の判断指標は利益が急激に減少している場合などでは，今後の回復可能性なども考慮しながら，売上高や総資産などの比率を使うことも可能であるが，期の途中で変える場合に関しては合理的な理由が存するか否かを監査人と協議する必要がある。

　問68以降の内容に関しては，監査のフェーズで修正事項が発生した場合の解釈を示すものですが，監査人側としては，決算スケジュールから正式な監査対象となる財務諸表の提出を受ける日を確定し，それ以降発見した修正事項は監査差異として認識し，それらのトータルが重要な欠陥となるか否かを判断していくことになるでしょうが，この中では正式な財務諸表提出後であっても会社の内部統制で虚偽記載を発見した場合は重要な欠陥としないでよいという解釈が示されており，実務上はそれなら正式な監査対象の財務諸表はいつ渡されるのかが分かりにくく，いつまでも修正可能となってしまい監査の現場の処理とマッチしないし，決算取締役会による決算案の承認という実務ともマッチしな

第3章　中小規模上場準備会社における内部統制報告制度への対応

い，いわば緩々の基準が示されたものといえます。論理上そのような解釈は可能でしょうが，実務上は会社側が決算案を確定する締め日を設けて，取締役会の承認を受けた後は監査対象の決算書を監査人に提出し，よほど重要な修正が発生しない限り修正はしないという従来の実務に則った処理をすべきでしょう。

　内部統制報告書によって重要な欠陥として投資家に報告されることになるのは，実際には決算業務プロセスにおける内部統制に関して，監査人による監査によって会社の作成した決算数値に対して判定基準を上回る修正事項が発生することによって記載を免れなくなるケースが高いであろうことが想定されます。現実問題として内部統制報告書制度の開始以前の状態では，中小規模上場会社では監査による修正事項が複数存在する場合も多く，金額基準の判断値は，それらを絶対値として加算することになるので，重要な欠陥となってしまうことは相当な確度でありえたといえます。

　したがって，中小規模上場会社及び準備会社においては，J-SOX対応については，まず全般統制について42項目の内容を十分理解し内部統制の考え方を会社に定着させるようにし，次にITに関する内部統制ITCLC（全社統制），ITGC（全般統制），ITAC（業務統制）について不備事項を把握し改善スケジュールを作成，同時に業務プロセスに関する内部統制を把握するための文書化とキー・コントロールの特定，運用状況のテストに入る準備をし，さらに決算財務報告プロセスにおける内部統制が確保されるべく，必要な人材の補充と決算プロセスの明確化，社内における協議，監査人との協議などによって，監査対象となる決算開示書類の正確性を高めることが重要といえるでしょう。

　なお，ITCLCはITガバナンスなどともいい，全社のITに対する取組み，つまりITの利用範囲，目的，事業計画との関係での戦略，予算，人員及び開発体制などを対象として内部統制を行う前提条件が確保されているかの確認を行うものです。ITGCとITACについては実施基準Ⅲ4.(2)②ITを利用した内部統

制の評価の検討のロ.ITに係る全般統制の評価の検討とハ.ITに係る業務処理統制の評価の検討について具体的な記載があります。

13. 内部統制報告書の記載内容

　内部統制報告書の記載様式に関しては，内部統制府令に以下の5区分に分けて記載するように示されています。
　(1)　表紙
　(2)　財務報告の内部統制の基本的枠組みに関する事項
　(3)　評価の範囲，基準日及び評価手続に関する事項
　(4)　評価結果に関する事項
　(5)　付記事項
　(6)　特記事項

　これらについて，Q&Aの問101〜問107に具体的な記載例が示されました。なお，2009年4月2日に公表されたQ&Aでは68問から84問までが連番で示され，101問まで番号が飛んでいます。これは，Q&A全体で見ると1問目から84問までは実施基準等だけでは判断しきれない実務上の疑問に答えたもので，101問以降はフォーマットを示したものといえるでしょう。

14. 統合型内部統制監査報告書について

「実務上の取扱い 付録3」に統合型監査報告書の文例が6通り示されています。

文例1．財務諸表監査（無限定適正）＋内部統制監査報告書（無限定適正）

文例2．財務諸表監査（無限定適正）＋内部統制監査報告書（無限定適正＋重要な欠陥に関する注記）

文例3．財務諸表監査（無限定適正）＋内部統制監査報告書（無限定適正＋やむをえない事情による範囲限定の注記）

文例4．財務諸表監査（無限定適正）＋内部統制監査報告書（不適正）

文例5．財務諸表監査（無限定適正）＋内部統制監査報告書（意見不表明）

文例6．財務諸表監査（無限定適正）＋内部統制監査報告書（やむをえないとは認められない範囲限定の除外事項つき限定付適正意見）

文例7．財務諸表監査（無限定適正）＋内部統制監査報告書（意見不表明，内部統制報告書に重要な欠陥の記載がある場合）

文例8．財務諸表監査（無限定適正）＋内部統制監査報告書（やむをえないとは認められない範囲限定の除外事項つき限定付適正意見と重要な欠陥に関する追記情報）

実務上は文例の3，5，6，7，8に該当することになる事例は稀であろうと思われる。3，6，8は連結子会社を評価範囲に含めなかったことについて期間が足りないなどの理由で合理的な理由ありとする場合3と、なしとする場合6，8の違いで、5，7は火事などによって資料が焼失し監査が出来なかった場合などを想定しており、いずれもそのような事態になる可能性は低いでしょう。

一方，文例1については，大多数の上場会社がこれに該当することになるの

であろう。重要な欠陥ありとする文例は2と4となります。2は会社が自ら重要な欠陥を認め，それを会社側の報告書に記載しているのでその記載を適正とした文例で，4は会社は重要な欠陥を記載していませんが監査人が重要な欠陥があるとして記載した事例で，重要な欠陥があるという意味では同じものといえます。アメリカのSOX法適用初年度は16％が重要な欠陥ありとされ，次年度には10％に減少したという記録があります。しかし，アメリカの場合は数の上では全上場会社の2割の大規模会社に限定しての結果なので，日本の場合は財務報告の内部統制に限定したとはいえ，全ての上場会社を対象としたものであるため何％になるかは分かりにくいといえるでしょう。

　さらにいえば文例2と文例4ではどうなるでしょうか。文例4は重要な欠陥に関する会社と監査人の見解が相違したことを意味しますが，重要な欠陥に関する判断が会社と監査人で異なってよいという必然性はないので，実際にこのような意見が出た場合には，ＳＥＣ（証券取引等監視委員会），CPAAOB（公認会計士監査審査会），JICPA（日本公認会計士協会）あたりが事情聴取することになるであろうことが想定されます。

　つまり，文例1あるいは文例2以外の意見を表明することになる場合は，会社も監査人も相当な注意が必要ということになるでしょう。特に株式上場後，最初にJ-SOXの適用を受けて表明する意見に関してはこの点注意が必要となるでしょう。3月決算の会社が翌年の2月に上場した場合，4ヶ月後の6月にはJ-SOXの適用を受けた監査報告書が投資家に開示されることになりますが，ここで文例1，2以外の意見表明とならないように準備段階での主幹事証券の指導を含めた対応が望まれるところです。

＜追記＞

　なお，内部統制監査制度に関しては平成23年3月29日，30日，31日の3日間にわたって金融庁の報道発表資料に一部見直し関係の資料が掲載されています。例えば「重要な欠陥」については誤解を招くということから「開示すべき重要な不備」というように文言が修正されました。また，この意見書の中で「中

第3章　中小規模上場準備会社における内部統制報告制度への対応

堅・中小上場企業」という文言が使われ，それらに適した内部統制監査制度の運用について強く意識した形で提言が行われているのが特徴といえるでしょう。金融庁においても日本の内部統制監査制度がアメリカの場合のように規模による除外を設けなかったことが，小規模上場会社に大きな負担となっているという認識はあるということでしょう。

【第3章に関する参考規則等（全てインターネットで閲覧可能）】

- 金融商品取引法第24条の4の4
- 企業会計審議会（金融庁HPの審議会研究会等／企業会計審議会／答申報告等／平成19年2月15日掲載）
  1. 財務報告に係る内部統制の評価及び監査の基準ならびに財務報告に係る内部統制の評価及び監査に関する実施基準の設定について（意見書）
  2. 財務報告に係る内部統制の評価及び監査の基準
  3. 財務報告に係る内部統制の評価及び監査に関する実施基準（本書では「実施基準」と略記）

- 金融庁総務企画局（金融庁HP報道関係資料に掲載）
  内部統制報告制度に関するQ&A　　20問（H19／10／1）
  内部統制報告制度に関する11の誤解（H20／3／11）
  　　　　　　内部統制報告制度の円滑な実施に向けた対応
  内部統制報告制度に関するQ&A（追加）　67問（H20／6／24）
  内部統制報告制度に関するQ&A（再追加）（H21／4／2）

- 日本公認会計士協会（JICPA）監査・保証実務委員会報告第82号
  （日本公認会計士協会HPに掲載）（H21／3／23改正）
  財務報告に係る内部統制の監査に関する実務上の取扱（本書では「実務上の取扱い」と略記）（H19／10／24）

おわりに－今後のIPOの動向について

「新興市場のあり方を考える委員会報告書（H21／5／19）」について

　日本証券業協会ではH20／9／16に「新興市場のあり方を考える委員会」を設置し様々な観点から，わが国における新興市場のあり方を検討し，報告書を作成しています。ここでは新興市場の「現状分析」「問題点」「機能と信頼回復に向けて（提言）」を行っているのですが，この報告書の内容（提言部分）を確認してみたいと思います。

1．証券取引所の取組みについて

・　市場コンセプトの明確化

　ここではもう少し具体的に示されたほうがよいと思われます。例えば以下に示す程度の内容の具体性という意味です。

　　東証マザーズ……年間の利益成長率が20％以上を計画している成長企業のマーケット
　　JASDAQ・ヘラクレス……安定性と成長率のバランスを重視したマーケット
　　JASDAQ・NEO……事業の新規性を重視したマーケット
　　地方新興市場（ブランドを1つにまとめる）……セントレックスとアンビシャス，Qボードをまとめて，地方の特色ある在来企業のマーケットと地方発のベンチャーのマーケットの2区分を設ける。このようにまとめたり，区分することによって，地方振興に関心のある人，その中でも在来業種に興味がある人，ベンチャー企業に興味がある人それぞれのニーズに対応することが可能となります。

- 上場審査

　初期段階で社長面談，についてはよいアイデアと思います。ただしよほど大きな会社でなければ今まででも審査担当者は会っていたはずです。したがって，より大勢の審査担当者等が上場企業の経営者としての適性を面接する機会としてセットするべきでしょう。イメージとして入社面接のように大勢の審査委員が面接し，それぞれの委員からその専門領域の内容に関して質問するという感じでしょうか。そのようにするのであれば，質問内容を深くするために，ある程度審査委員が会社の実態を把握した審査の中盤で実施したほうがよいでしょう。また審査の最終ステージでの取引所の重役が従来のセレモニー的な意味を込めて面接するという2つの面接があってもよいと思います。

- 上場管理・サポート

　Nomadを真似たサポート体制の強化のことを提言しています。ここまでの内容を見るとTOKYO AIMと似すぎているように思われます。これでは，既存の新興市場をプロ向け市場であるAIMと同じように管理すべきと提言しているようにも見えてしまうでしょう。一方で廃止基準の厳格化とは相反するのではないでしょうか。サポートは本則市場においては証券会社や監査法人の仕事であって，証券市場は開示が適切に行われたか否かを判定する役割に回るべきでしょう。その上で上場会社はその社会的責任を果たさなければならないのです。この廃止基準とサポートの関連でいえば，イエローカードとレッドカードに当たる開示違反を明確に定めておいて，イエローカードに関しては今この会社はどのような違反でイエローカードが出ていて，このイエローカードが抹消されない間にもう一枚イエローカードが出たら上場廃止になるというのを明確に投資家に示しておく方式がよろしいかと思います。

- 流動性・取引手法

　マーケットメイク制度について検討とのことですが，この制度はJASDAQ銘柄の流動性が低いということで実際にNASDAQの制度を真似て導入されましたが，結局のところ不評で利用されなくなった制度です。その理由は株価の下降局面においては値幅制限のところで日々買いを入れなければならないため

値付け責任のあるマーケットメーカーが損する可能性が高いのですが，一方で上昇局面では売りを出す人が必要になってきます。実際問題上昇局面において値幅の上限とはいえ，この株の供給を確保することが困難だったというのがこの制度が利用されなくなった理由だったはずです。もちろんこの制度を運用していくとすればマーケットメーカーの危険負担を含む手数料として会社が負担する額も相当な額となり，それらを併せて考えると利用されなくなったということでしょう。こうした教訓を踏まえて具体的にどうしたいのかということでしょう。

　私は上場した以上，その流通については市場原理に任せるしかないと考えるべきではないかと思います。流通しなくなってしまった株についてはシンプルに廃止を考えることが必要でしょう。

＜是非提言に取り入れていただきたかった内容＞
　アナリストに関していろいろな提言をするのであれば，すでに述べてきたように，会社が自ら将来予測数値を公表するという現在の制度を改めることとセットで行わなければならないでしょう。この数値を決算短信で開示していることが，十分な根拠性を求めていないこととも関連して，会社自らによる風説の流布に利用されたり，粉飾決算の動機となっていたりする点についてはすでに述べたとおりです。

　その他，上記以外にも立場や内容を変えて様々な提言がされていますが，具体性のある提言はSOX法の適用緩和に関するものでしょう。
　SOX法の適用緩和に関する提言は，今回の提言内容全体の中で最も重要な指摘と考えます。

・　SOX法の適用緩和に関する提言
　ここでは具体的にどう緩和して欲しいのかは述べられていないのですが，米国の例として，上場初年度の免除について触れられています。すでにこの点に

関しては本書の中でも上場後提出される有価証券報告書2期分の免除に関して指摘しているところです。米国の例では初年度のみの免除なのになぜ2期免除なのかという点については，具体的に説明しますと，3月決算の会社が順調に行って上場するタイミングとしては同じ年の12月頃が考えられますが，この場合上場後初めて提出する有価証券報告書は上場翌年の3月決算に関するもので，現在の制度ではこの有価証券報告書に内部統制報告書及び内部統制監査報告書の添付が必要となっています。したがって，上場準備作業と完全に重複して内部統制報告書の準備を進めなければなりません。これを1期後ろにしたらどうなるかというと，上場の翌年4月からスタートする期が適用初年度となりますので，その前の段階で準備作業に入らなくてはならなくなってしまいます。したがって，1期ずらしたとしても，上場準備作業の終盤には内部統制の準備を始めなければならなくなってしまいます。

　なぜ，このように同じ時期に作業が重なることが問題かというと，上場審査においても内部統制の整備は必要なのですが，少なくとも内部統制報告書制度で必要とされる定型的な文書を大量に作成し，かつ実際のデータを検証して評価までしなければならないというような負荷はかからないので，同時に進行するのでなければ，上場作業関連の担当者の数が少なくて済むということです。この負担の違いは，今後上場を目指す会社にとって大きな違いとなるでしょう。2期間あれば，上場に関する作業が全て終わった後から内部統制関連の作業に着手することが許されるのです。もし，新規上場会社数の減少に真剣に対応を考えるのであれば，この点を十分考慮していただく必要があると考えます。

　なお，2013年10月15日付で金融庁が公表している報道資料によりますと，上場後の3年間は内部統制監査の実施を延期できるように検討されているということと，開示対象期間も上場以前の5期（5年以上）から2期（2年以上）に変更する方向で検討が進められているようです。ただし，内部統制に関しては経営者による内部統制報告書は省略されていないようですので注意が必要です。

おわりに

　入学しやすくしたのだから，当然退学が多くなることも想定しなければなりません。今までの新興市場の制度設計において，ベンチャー企業の資金調達や成長のポジティブな面ばかり重視されて，この退学という問題について十分な議論がされてこなかったように思います。退学つまり上場廃止について，強制的な上場廃止のルールについても，上記のような開示違反に対するイエローカード，レッドカード方式に加え，定期的な見直しが必要でしょう。最近では株価が０円にはならないということを利用して５億株以上に分割して，時価総額基準を回避する会社も増えてきているとのことで，これを回避するためには例えば株価が１桁になった段階で整理ポストに移動するなどの現実的な対応策を考えておく必要があるでしょう。

　また，昨今は開示規制等が旧来に比べ急激に厳しくなっていることから，自主的な退学を希望される会社も多くなってきていると聞いています。買収されてたり，倒産することなどにより上場廃止となるのは究極的なケースですが，そうでなくとも上場のメリットが消失したということで経営陣がMBOファンドなどを利用して株を買い集め，最後はTOBによって株主を減らし上場廃止を図るケースも出てきています（Going Privateと呼ぶようです）。

　しかしながら最も考えなければならないのは，上場後業績が低空飛行を続け，上場を何とか維持してはいるものの，業績も財政状態も厳しいような会社について，内部統制の監査を含む新しい制度への対応についていけなくなっているような会社が非常に増加しているということです。こうした会社の株はそもそも激しく流動しているわけではないので，四半期の開示などが必要でしょうか。プロ向け市場である東京PROマーケットでは四半期の開示と内部統制の報告書及び監査の制度が適用されていません。そこで自主退学を希望するような会社に対して，四半期開示と内部統制の適用がなく，業績予測の開示も必要ない東京PROマーケットへの移籍を容易に行えるような制度を用意できないかと思います。移籍後プロしか売買できなくなるのですが，プロでない既存株主に売却の道が残されていればよいのでしょう。もちろん株主数を400名未満（東証の場合，JASDAQは150名未満）にして上場も廃止し有価証券報告書の提出義務

249

自体も免除してもらうという選択をする会社もありますが，開示義務の軽減化という観点からはプロ市場への移行という選択肢もとり得るのであればそれを検討する会社も多いように思われます。東京PRO-MARKETの場合，四半期開示ではなく半期開示であり，内部統制監査制度の適用もありません。

* 　有価証券報告書の提出義務免除については，下記に該当する場合に内閣総理大臣の承認によって免除されることとなっています。（金融商品取引法第24条）
 1．前5年間の決算において継続して株主数が300名未満となった場合
 2．株主数が25名未満となった場合

日本の資本市場はアメリカのように多産多死に向かうことになるでしょう。その際混乱を避けるために上場廃止後の措置（受け皿）を用意しておくことが重要と考えるものです。そのことが安心して上場することができることにつながるとも思うのですが。

謝　辞

　本書を締めくくるに当たり，私が監査法人時代に数多くのIPO業務をこなしていくために仕事をともにしてくれた数多くの会計士たちに謝辞を述べたい。また，監査業務に行き詰っていた時に，IPO業務に進むことを誘導し，指導いただいた，元あずさ監査法人理事長の岩本先生，直接多くの指導をいただいた横瀬先生には，大変お世話になりそのおかげでこのような本も書くことができたことをお礼とともに申し添えたい。

著者紹介

小田　哲生（おだ　てつお）

【主な経歴】

　昭和32年，広島県生まれ

　昭和54年，立教大学経済学部卒業。公認会計士第2次試験合格後朝日会計社（現あずさ監査法人）入所

　昭和58年，公認会計士登録

　主に，上場企業の監査業務を経験したのち，昭和60年ころから新規株式上場会社の監査実務にかかわるようになり，徐々にIPO関係業務に特化することとなる。

　2002年からあずさ監査法人を退所する2009年まではシニアパートナーを務める。

　2013年に，監査法人より会社に近い立ち位置でIPO業務を強力に推進するパートナーとして株式会社IPOドライバーを設立，同時に税理士法人のぞみ会計社のパートナーとなり，上場指向のあるベンチャー企業とともに歩む日々を送っています。

　IPOに関する，あらゆる相談に応じます。お気軽に連絡ください。

株式会社IPOドライバー
東京都台東区上野2-11-16
Phone：03-5816-0557

著者との契約により検印省略

平成26年6月20日 初版発行	株式上場 A to Z IPOとは何か

著　者	小　田　哲　生
発 行 者	大　坪　嘉　春
印 刷 所	税経印刷株式会社
製 本 所	牧製本印刷株式会社

発 行 所　〒161-0033 東京都新宿区　　株式　税務経理協会
　　　　　下落合2丁目5番13号　　会社
　　振　替　00190-2-187408　　　　電話　(03)3953-3301（編集部）
　　Ｆ Ａ Ｘ　(03)3565-3391　　　　　　　　(03)3953-3325（営業部）
　　　　　URL　http://www.zeikei.co.jp/
　　　　　乱丁・落丁の場合は，お取替えいたします。

Ⓒ　2014　小田哲生　　　　　　　　　　　　　　　　Printed in Japan

本書の無断複写は著作権法上での例外を除き禁じられています。複写される
場合は，そのつど事前に，(社)出版者著作権管理機構（電話 03-3513-6969,
FAX 03-3513-6979, e-mail : info@jcopy.or.jp）の許諾を得てください。

JCOPY ＜(社)出版者著作権管理機構 委託出版物＞

ISBN978-4-419-06098-5　C3034